我那麼拼命，就是不想平庸至死

跨越迷茫、怯懦、憂鬱、不安、焦躁的勇氣，變成更好的自己

慕新陽——著

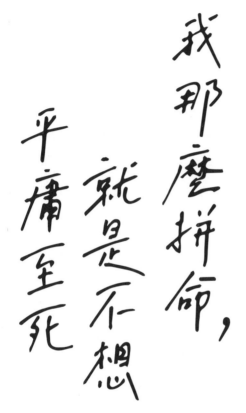

推薦序

人到中年，依然要勇敢逐夢

羽茜

出版社找我寫推薦序的時候，我有些驚訝。這是心理勵志書沒錯吧？找我適合嗎？我就是一個時常開玩笑說「夢想是什麼，可以吃嗎？」的中年婦女啊。當媽之後我覺得我的願望都很平凡，就是在被小孩糾纏的生活裡好好吃個飯、睡個覺，回想起年輕時的雄心壯志，都不好意思跟別人說了。

但是在看這本書時，還是覺得感動，應該說產生了新的想法吧。夢想不是年輕人的專利，勇氣也不是。對中年人來說，勇敢逐夢可能是更重要的，為了在不遠的未來不感到悔恨。

作者在書裡寫道：「人們最後悔的，不是做了什麼事，而是沒能去做某件事。」人過中年再來看自己有過的夢想，會很清楚地看見，哪些事情自己付出過努力，只是沒有實現，哪些事情自己一直只是說說，沒有真正地付出過什麼。

會讓人覺得悔恨的，不是努力了卻沒有成功的事情，而是沒有真正開始，因為害怕失敗，一直舉足不前的事情。

感情也好、事業也罷，很多事情我們都只會幻想，覺得有一天我一定要——，但是想著想著人就中年了。

有的人因此鄙視起所有跟夢想相關的事情，覺得人要活得「務實」，找安穩的工作，用主流看法過日子，但是不難發現，他們也是對人生最多悔恨、最不快樂的人了。

我看和我同樣人生階段的朋友，發現我們雖然都忙到焦頭爛額，但是有沒有持續懷抱夢想，並且放下對失敗的恐懼而努力去做，造就了很大的不同。

我因為熱愛文字而持續寫作，終於出版了自己的三本書，也有朋友在照顧小孩的同時，每天抽出時間學畫，十年下來，也有了可以靠插畫接案的水準。

我們都還有自己想做的事，儘管不敢侈言夢想，也感嘆不能像年輕時那樣，沒日沒夜地全力以赴，但是付出的努力不會白費，不一定會成功，但至少可以預期，在人生的下一個階段，當孩子不再那麼需要父母，我們還會有屬於自己的人生可回。

就像二十歲的時候，總會覺得三十歲已經很老，但四十的人，看三十歲的人都覺得年輕，年齡其實是一個相對的概念，忙碌和衰老也是，等我們邁入老年，再來回顧現在的自己，一定會覺得其實「中年還很年輕」，「擁有家庭也是一種助力」，總之中年的忙碌，不是放棄夢想的理由。

擁有為夢想努力的勇氣和決心，就像找到對的方向，中年人只是比年輕且單身時走得慢一點，但只要方向對了，心裡就會踏實。

我原本覺得鼓勵人們追求夢想的文章，都跟我沒什麼關係了，我就是每天被小孩追著跑，努力擠出時間寫作的一個中年婦女，但是看完這本書我覺得，被作者鼓勵到了，期許自己擁有「打敗年齡的勇氣」，推薦給大家。

自序

願你擁有打敗一切的勇氣

我曾在朋友圈裡發了一個徵詢意見的調查表：為了寫作，你有過怎樣的心酸？付出最大的犧牲是什麼？

沒過多久，就有不少人留言，其中一個是：「為了寫作，我放棄了所有社交活動，一個人窩在租房裡瘋狂地拆書、寫作、創建PPT兼錄音，整整三個月都是淩晨三點才睡，最終還是關注者寥寥無幾。」

還有一個要好的朋友留言：「我花了整整七年時間，才有幸在雜誌上發表人生第一篇文章。為此，我得了嚴重的頸椎病，視力也大不如從前了。最大的犧牲可能就是熬夜寫文章，最難熬的就是沒有靈感的日子。」

最讓我淚眼的一條留言，是來自思諾姐的：「為了出版第一本書，我花了整整十一年。初中時，因為太愛寫作，我的功課開始變差，成績一落千丈，導致考試落榜，沒有繼續讀高中和大學。」

我也是最近才知道，思諾姐為了維持生計，常常要在冰天雪地裡為住戶搬小米麵粉。黑龍江的室外氣溫已經到了零下二十多度，身高只有一百四十三公分，體重只有四十公斤的她，每天要扛三十公斤的小米麵粉爬樓梯，三天兩頭還要幫倉庫卸下好幾噸的貨。

即使身疲力竭，一有空閒，她也要拿出手機打字。用她的話來說，就是：「只有在打字的時候，我才不懂什麼叫累，什麼叫冷。」

可惜的是，思諾姐的作家夢還是落了空。

一次又一次的退稿，一次又一次的拒絕，讓她終於忍不住在廁所裡痛哭。說好了失望也不絕望，哭泣也不放棄，可是眼淚還是止不住地往下流。

她在朋友圈發了一條訊息安慰自己：「生活就是這樣，每天出門送貨，看見有人騎摩托車送外賣，有人開轎車上班。窮與富，每個人都在努力地奮鬥。只要不停止向前，一切都可以實現。」

是否有一種力量足以抵抗所有的寒冬，打敗一切的挫敗和酸楚？

如果讓我回答，我一定會不停地點頭。

有一種辛酸，往往不易被人察覺，不去靠近、不去聆聽，就無法引起共鳴。原來我以為，只有自己是一名孤獨患者。後來才知道，不是所有的孤獨、忍受和酸楚都要宣洩出來，沒有人不辛苦，只是有人不喊痛。

從哭著承受，到笑著接受，是無數個日日夜夜苦熬後的堅忍。想起自己為了寫作，好幾次辭職，把自己悶在黑漆漆的屋裡，頂著黑眼圈吃泡面，一個月暴瘦十多公斤的樣子，就莫名地想哭。

我像是在走一條險象環生的夜路，沒有燈照明，也沒有人陪伴。我只有用腳尖觸碰前方的地面，用手去感知未知的危險，不敢逗留，更不敢大聲呼喊，只因這是自己選擇的路。有些註定的事情，早已在途中埋下，比如我會承受來自下一個腳步的恐懼，因為突如其來的噩耗被迫離開，我只想更快一點抵達有光的地方，胡吃海喝一頓，盡情放縱一下，發誓再也不回頭。

可是，當我終於抵達有光的地方，我還是忍不住地回頭。沒想到，那段寫滿我惶恐、不安、懼怕、辛酸的路，也可以是那麼可愛。

抵達終點，並不意味著一勞永逸，而是意味著你要步履不停。

走下一段夜路，心裡就沒有那麼害怕了。邁出的腳步更加堅定，伸出的雙手也更加勇敢，心情愉悅，還可以哼唱一首歌，夜空一下子滿是星光。

我很喜歡宮崎駿在《神隱少女》中說過的一句話：不管前方的路有多苦，只要走的方向正確，不管多麼崎嶇不平，都比站在原地更接近幸福。

我喜歡把那些「走夜路」的日子，稱之為「被理想緊緊擁抱的日子」，樂於用這樣看似蹩腳的詞彙，來表達內心深處的感受，並用這個名字，單獨在網路上創建了一個文集。有幾個關注我的朋友問我，為什麼不是「緊緊擁抱理想的日子」，而是「被理想緊緊擁抱的日子」？我就用「走夜路」來拋磚引玉，不是因為天會亮，你才會選擇走，而是你選擇走了，天才會亮。

有一個在創業群常常和我聊天的朋友，半年之後才向我吐露心聲：「有好多次我想跟你提起我的遭遇，話到嘴邊都被我咽回去了。我感覺現在壓力還不夠，不就是創業失敗欠幾十萬嗎？不就是老婆跟別人跑了嗎？不就是沒錢給三歲的女兒買過冬的衣服嗎？不就是低血鉀週期性麻痹沒事裝殘疾人躺醫院嗎？其實，說真的，我一點都不覺得心痛，甚至還想笑。」

聽完朋友的訴說，我更加堅定了一點，這世上應該還有一種英雄主義，就是在風雨來臨之際，內心有超於常人的淡定與從容。

看過西西弗斯的神話故事嗎？

因為觸犯了眾神，西西弗斯受到了懲罰——把一塊巨石推向山頂。由於那塊巨石實在太重了，每每還沒推到山頂就又會滾落到山底。於是，西西弗斯就不斷地重複，永無止境地推巨石。

想到西西弗斯，我突然想到了眾生。一樣地拼命，一樣地為掐住命運的咽喉而日夜不息。

這種堅定不移的力量，一定可以打破命運的束縛。

雖然大家看起來都過得安然無恙，但其實都是在品嘗過酸甜苦辣之後，依然笑著說：「沒事，我哪有那麼脆弱？」

我有一個文友，常常用「打碎牙往肚子裡吞」來形容一個人的苦楚。我告訴她，形容一個人艱難痛苦，不是把碎牙吞到肚子裡，而是要好好留著。

為什麼要留著？因為那是披荊斬棘的見證，是日後飛黃騰達的自信心。現在窮苦，不代表要窮苦一輩子；現在落魄，不代表要落魄到永遠。自己的牙，為什麼要吞下去？它是無價之寶，是至上的榮耀。

願你擁有打敗一切的力量，就像黎明總會戰勝黑夜，過去的艱辛和苦難也一定

會不復存在。
別害怕，一直走，因為美好的事物，總需要等待。最好的結局，還尚未到來。

PART 3

想要存在感，就要把自己活成爆款

PART 4

不祝你一帆風順，只願你更加強大

PART 5

願你特別兇狠，也特別溫柔

PART 6

晚安，這個殘酷又溫柔的世界

PART 1

我那麼拼命，就是不想平庸至死

人不能因為早晚有一天會死就不想活了。死，只是一個結果，怎麼活著才是最重要的。經歷過、愛過、堅強過，戰勝過自己，有過這些過程，才算沒有白活過。所以人不能因為害怕失去，就不去擁有了，對吧？

該拼搏的年紀別怕磨練

人生不必在意對錯，只要是你認為值得的，就大膽去磨練。最被人笑話的是，在拼搏的年紀畏手畏腳，哭著遠離夢想的那個你。

01

大四那年，當我們還在為升學、就業忙得焦頭爛額的時候，有一個同系的女生，卻不緊不慢地學著新媒體，準備畢業後開辦自己的新媒體工作室。

也正是因為如此，她的生活看起來也沒有因為畢業而被打亂。她白天泡在圖書館，晚上跟著網路課程一起學習新媒體經營，十點準時入睡。

那時有很多人都不看好新媒體。哪有那麼好做啊？萬一毫無收穫，不白白耽誤了時間嗎？

取得成功之前，所有嘗試都曾經被人冷嘲熱諷，但她似乎不在意。

到了畢業，我們各奔前程，只有她還留在大學所在的城市。緊接著，她開始找場地，招員工，拉客戶，一切都在她的規劃當中。我問她為什麼要選擇新媒體這種收入忽高忽低，還處處存在風險的行業，她笑了笑說：「現在做什麼沒有風險呢？多嘗試一下總是好的。」

畢業，意味著人生走到了一個路口。這個路口並不是十字形狀，而是有無數個方向。而此時的你，就踮著腳尖，站在路口的正中間，想一眼望穿每條路上的際遇。

可是，我們畢竟視線有限。倘若可以一眼望穿，哪裡還會有希望和失望這樣兩種結果呢？

於是，我們看到的，是崎嶇不同的人生。

有人喜歡甜品，海外學成回來，創辦了自己的甜品店。有人喜歡旅行，放棄了體制裡的工作，開始了一段未知的旅途。有人熱愛音樂，即使風餐露宿，也要背著吉他，像俠客一樣仗劍走天涯……

在跟隨內心的這條道路上，不必過於在意對與錯，只要你認為是對的，那就值得一試。最落人笑柄的，是在應該嘗試的年紀畏首畏尾，對著夢想望洋興嘆的那個你。

02

夜深人靜的時候，我總會不由自主地想起過去的自己。

在某個烈日當空的午後，婉拒了老師要我考公務員的建議。

說實話，一直以來，我就是一個愛跟自己較勁的人。我喜歡把「跟自己較勁」

用另一個詞來比擬，那就是「磨練」。

為了練習外語，我主動去外國教師教的班裡旁聽，堅持一整年凌晨五點起床，苦練外語；為了學習演講，我甘願省下生活費，買上機票，千里迢迢地去參加訓練營，回到宿舍後躲在洗手間裡模擬；為了支援到偏鄉教書，我願意自掏腰包，克服一切艱苦的條件去奉獻；為了去看日月星辰和山川湖海，我願意拋開一切，隻身開啟一段有關旅行寫作的新生活……

有人問我，這樣磨練難道不累嗎？

當然累啊，可是我就是喜歡磨練啊。

人生本來就短促，再不磨練我們就真老了。

畢業後的這幾年，我去過許多地方，嘗試過許多新工作，也遇到過許多有趣的人和事。前途的未知，仍然像謎一般地吸引著我。正如《阿甘正傳》裡所說，人生就像巧克力，你永遠不會知道下一顆是什麼味道。

03

都說認可一個人，始於顏值，陷於才華，忠於品格。而藝人韓雪之所以被那麼多人喜愛，多半是因為她足夠努力，並且始終行走在「折騰」自己的道路上。

初識韓雪的人，都會由衷地感嘆：「身為一名行程排得滿滿，整日忙碌不停的演員，她居然能把英語說得這麼好，實在難得。」

事實上，韓雪不僅僅滿足於演戲裡的快樂，更滿足於自己的身體力行，為他人做榜樣。

江蘇衛視《說出我世界》節目有一期邀請了韓雪。韓雪在演講中說到，為了彌補自己在外語上的弱點，希望能夠用英語和別人靈活自如地交流，她也嘗試過報名補習班，可是結果都不盡如人意。

後來，在一個偶然的機會，很少刷朋友圈的她，從朋友圈裡看到一個朋友吐槽「魔鬼式」教學，自此，她便開始了一段新的學習之旅。從那時起，不管拍戲多忙，也不管身體有多不舒服，哪怕是發高燒，她都會堅持在次日的凌晨前交作業。

讓所有人出乎意料的是，這個老師身在北京，而她在上海，在她每月一千分鐘的通話時間裡，有九百分鐘都用在和老師的遠程通話上。

為了突破外語的瓶頸，韓雪選擇了類似石油市場、DNA、探索火星這些專業文章的翻譯課程。她在演講中說：「我真的有一種衝動，把這些原文放在翻譯軟體裡翻譯出來，而且事實上我也這麼做過。可是結果呢，翻譯軟體是逐字翻譯的，以至於最終它會影響你的閱讀，你還得從頭來，再去把它們按照自己的理解去讀懂。所以，你會慢慢明白，學習其實沒有捷徑可走，你要想學好，只能不找藉口，不留後路。」

當年高考填志願，韓雪只填了上海戲劇學院的表演學系，而且不服從調配到其他學系，完全打消了家人想要她上外語學院，畢業後當一名外交官的想法。上大學一年級的時候，她的電腦進了水，她硬是不去維修店，而是選擇自己修理，以至於開啟了一條更換系統、裝系統、修電腦的「不歸路」。當歌手初期，她被貼上了「玉女」的標籤。為了撕掉這個標籤，她一直努力去拓展戲路，以至於拍戲時劇組給她安排的角色，她也總是習慣性地推掉，再申請去演一些自己從未嘗試過的角色……

我最喜歡演講裡的一句話：「我很喜歡現在的自己，雖然麻煩是自找的，但是人生是自己書寫的。」

是啊，青春年少，不去折騰，老了拿什麼回憶下酒呢？

人這一輩子最後悔的事情，並不是做過什麼，而是還沒來得及去做些什麼。

要記住，生命就在於不斷地探索。在一個未知的旅途中輾轉探索，迂迴顛簸，看過的風景、遇到的人，都會在某個特定的情景裡，產生特定而莫名的情緒。把所有特定而莫名的情緒串聯起來，才足以稱得上多彩的人生。

願你活出自己想要的模樣

如果人生也有黑板擦，可以肆意地擦掉遺憾，那會是怎樣一番情形？可惜的是，時光匆匆流逝，沒有任何重來的餘地。我不需要成為優秀的別人，只需成為更好的自己。

01

網路交流平台裡，有一個人提問：「想一想，你人生最大的遺憾是什麼？」其中獲讚最多的回答是：「錯過了太多想見的人、想看的風景，再回首，卻發現已經不是最初的自己。」

我們都曾倔強地想要活成自己想要的模樣，最終，有人堅持了，有人妥協了，有人笑著流出了淚，有人痛哭著說再也回不到過去了。

不能按照自己想要的方式去生活，就是人生最大的遺憾。

前段時間，朋友圈裡瘋傳一個暖心影片。某國外新聞網站，在紐約的街頭放置了一塊黑板，並在黑板最上面寫了一排大字：「寫下你最大的遺憾。」

這一舉動引起了不少路人的注意，卻遲遲沒有人敢寫下自己的遺憾。直到一個女士勇敢地寫下「沒有堅持自己對藝術的追求」，大家才放下戒備和疑慮並參與進來。

有人說，遺憾沒有申請醫學院；有人說，遺憾沒有拿到MBA學位；有人說，遺憾放棄了兒時的夢想；有人說，遺憾沒有說出「我愛你」；還有人說，遺憾我所做的事情，總不在計畫中，從來不是我真正想做的……

後來經過該網站工作人員總結，所有遺憾都有一個共同之處，那就是：沒能抓住曾經擁有的機會，沒能說出想說的話，沒能追尋自己的夢想。

如果人生也有黑板擦，可以肆意地擦掉遺憾，那會是怎樣一番情形？可惜的是，時光匆匆流逝，沒有任何重來的餘地。

無法回頭，俱往矣。

02

美國有一個名叫博朗尼·邁爾的臨終關懷護士，曾寫過一篇《臨終前你會後悔的事》，總結了人到盡頭的那一刻，最後悔的五件事。

文中提到的遺憾有「我希望當初我沒有花這麼多精力在工作上」、「我希望當初我能有勇氣表達我的感受」、「我希望當初我能和朋友保持聯繫」、「我希望當初我能讓自己活得開心點」，其中**放在首位的遺憾是「我希望當初我有勇氣過自己真正想要的生活，而不是別人希望我過的生活」**。

曾幾何時，我們都以為青春還很長，白鬢皺紋離我們還很遠。於是，我們開始習慣麻痹自己，一邊揮霍，一邊錯過。可是當覺悟出自己究竟想要怎樣的生活時，卻沒有了選擇的機會。

無獨有偶，日本有一位名叫大津秀一的臨終醫療師，把陪伴過的一千多個老人最後悔的事情記錄了下來，整理成了一本《死前會後悔的二十五件事》。這二十五件事情都有一個共同點：人們最後悔的，不是做了什麼事，而是沒能去做某件事。

魯迅說，世上本沒有路，走的人多了也便成了路。可是，這世上的路並非一條，至於你要走哪一條，恐怕只有你自己才知道。

韓雪沒有按照家人的意願，報考外語院校當外交官，而是報了表演成為一名演員。李健、鄭鈞、「好妹妹樂隊」的張小厚原都是工科男，卻更愛音樂，因此改變職業規劃……

只要你願意，你也能找到屬於自己的精彩。

想一想，僅有一次的人生，幹嘛活在別人的眼裡呢？

成功不成功，值得不值得，沒有人可以斷然定論，無關對錯，不留遺憾就好。

03

一個國外攝製組曾採訪過一萬多人，提出的問題是：「是什麼阻止了你活成自己想要的模樣？」原以為他們的回答會是時間、金錢、拖延、惰性、忙碌等，可是人們的回答讓攝製組的所有工作人員震驚，最多的回答竟然是「恐懼」！

很多時候，我們只有兩個選擇，恐懼或者堅信。

與其恐懼那些變化無常的風雨，恐懼那些突如其來的遭遇，不如堅信風雨之後天總會晴，一切糟糕的事情總會停。

沒有人能阻止你過想要的生活，除了你自己。

04

大學好友夏夢，在她二十八歲的時候，在一片驚訝聲中，辭掉了國營企業的工作，去法國進修電影製作。

從小到大，夏夢都是一個非常執著的人，只要是自己想要的東西，她都要想盡一切辦法去爭取。喜歡一道菜，她會查食譜、看影片，直到學會。喜歡一首歌，她會無限重複唱好幾天，直到把歌詞熟記於心，隨時隨地可以哼唱出來。喜歡一個人生活，她也要盡善盡美，研究打扮和化妝，處處力求最好，不為跟風，只為活出最閃亮的自己。

學成歸來，她在蘇州開辦了一家電影工作室，拉廣告、找贊助、招演員、做統籌，所有看似不可能完成的事情，都在她的努力下步入正軌。

她的辛苦，反而招來了不少人的非議。所有質疑的聲音出奇地一致，本該戀愛結婚的年紀，為什麼還要把自己搞得那麼累？甚至還有嘲諷，女孩子嫁給一個有錢人，不比自己闖蕩好上幾十倍？

非議並沒有對她造成任何的影響，她依舊為了自己的事業奔忙不停。

三十出頭，去過三十多個國家旅行，正如剛剛開始的戀愛，她覺得，人生的旅途才剛剛開始，還有更多的可能性。

是啊，夢想，只關乎是否渴望，與年齡無關。

畢業的第二年，我和一個女性朋友去一家麵館吃麵。當老闆把麵端在她的面前，她卻因為麵裡的肉少和老闆爭執了起來，最後還嚶嚶地哭了。

為什麼會哭呢？並不是因為肉真的放少了，而是出於對自己的無奈：「這根本不是我想要的生活。如果我更努力，絕不是現在的這個樣子。」

所以啊，不管什麼時候，我們都不要活在別人的世界裡，而是要竭盡所能地活成自己想要的模樣。因為那一種只屬於自己的活法，才是最彌足珍貴的，日後想起來都會嘴角上揚。

趁青春年少，活出一個獨一無二的自己

不管是早早成名，還是大器晚成，最重要的，是不負光陰，趁青春年少，活出一個獨一無二的自己。

01

拜訪過的一家上市公司，牆上寫著幾個赫然醒目的大字，讓我記憶猶新：有的人三十歲就已經死去，只是身軀要等到八十歲才埋葬。

回去的路上，我的腦海裡始終縈繞著這句話。有的人過著千篇一律的生活，庸碌碌地活著，始終不明白自己將要去哪裡。千篇一律的生活，不是多彩的人生。

勇敢地跳出固有的、狹隘的、枯燥的圈子，發現更多精彩的可能性，讓短暫的生活釋放出最奪目的火花，才不枉這一生。

丹麥著名攝影師Peter花了近十年時間在街頭做了一個實驗。

按照計畫，Peter每天要在八點半準時出現在紐約某中央車站，去蹲拍過往的行人。

長期的拍攝，讓Peter有一個驚奇的發現：同樣的人，在不同的日期，竟然會出現在同一地點，除了衣服有所改變，他們的表情、髮型、裝束，甚至姿態都是出奇地一致。

兩個月以前無精打采、滿臉困意的女士，兩個月後依舊疲憊不堪，而那個看起來明媚燦爛、邊走邊笑的女孩，不管過去多少天，依舊滿面春風。

實驗過程中，攝影師Peter驚呼自己也是其中的一員：「我簡直不敢相信，在紐約，人們都在日復一日重複地生活，就像陷進一種固化的模式裡。」

誰不想活出一個與眾不同的自己？誰不想打破日復一日的枷鎖，活出一個嶄新的自己？

可事實是，在沒有跳出舒適區之前，我們都習慣於波瀾不驚，於是漸漸地，我們變成了自己討厭的模樣。

時間不等人，要想改變，此刻就是最好的開始。

02

不得不說，一流的人都懂得尊重自己內心的感受，而不是活在別人的期待中。

中國有句話說，說你行，你就行，說你不行，你就不行。這其實是一種謬論。行與不行，好與不好都是別人的看法，而不是我們自己的期許。要想真正活得獨一無二，就需要有更大的勇氣告別別人。不，我不是別人眼裡的自己，我有自己的目標和方向，並坦然接受自己的不完美。

三十歲之前必須結婚，還沒結婚就被稱為剩男剩女？

三十歲之前必須事業有成，一旦沒有完成這個任務就是失敗者？

其實並不然。

每個人都有自己的成長節奏，每個人發展的步伐也各有不同。就如我們所見，有些人早早成名，有些人則大器晚成。不管是早早成名，還是大器晚成，最重要的，是不負光陰，趁青春年少，活出一個獨一無二的自己。

如果用表格塗鴉的方式來量化我們的一生，一個月就是一個小格子，那麼算下來，人生只有九百個月。

如果每過一個月就塗掉一個格子，我們所剩的格子已然不多。不管是打拼事業的時間，還是和家人朝夕相處的時間，留給我們的都是少之又少。

我們還有多少想做卻未做的事情，還有多少時間去彌補過去的遺憾？

有時候，我特別害怕別人跟我說「餘生」這兩個字。

餘生，並沒有我們想像中的那麼長。

所以，如果有夢，趁青春年少，還有什麼理由不去追?!

03

被媒體稱為中國式荒野食客，比貝爺吃得更兇猛的陳東熠，在二零一六年的某天，將近三十個小時沒睡，開了三千兩百公里的車程，去了一趟地廣人稀的海拉爾，途中吃了一次野餐，就再也沒有停下來。

就這樣邊走邊看，隨烹隨食，一輛車、一頂帳篷、一把斧頭就開始了尋味之旅。

陳東熠曾在蒙古的邊境學做石頭煲羊，在額爾古納河的橋洞下釣魚，在湘西秘境的河床裡打撈桃花蟲，在大興安嶺的叢林深處採蘑菇，也曾經在莫力達瓦的夜晚，由於車輪陷入泥坑而被困四小時，在臘爾山上被彪悍的苗民團團圍住……

在他看來，那些芙蓉鎮上嫁到酉水彼岸的船女，駱駝山村裡不怕生的小女孩，湘西丘陵身中劇毒的蛇王龍叔……人情冷暖看遍，何嘗不是另一種饕餮大餐！

對於驅車，他寧願走鄉道村道也不願走省道，原因是：「具體怎麼走不知道，就是那種『不知道』讓我很著迷。」

陳東熠回憶到，自己出生在海邊，從小就練就了「野外生存」的技能。採野果、捉螃蟹、抓野雞……只要有食材，隨時隨地可以生火做飯。從一九九九年，他就開始旅行，穿越沙漠、原始森林和海洋，到現在已走過大半個地球。

陳東熠說，他很喜歡這種生活方式，邊走邊玩邊做飯，順便把有趣的旅行故事記錄下來。也正是因為如此，他成立的「野錄」自媒體品牌，每一期旅行拍攝，都獲讚無數。

一場想走就走的旅行，我們究竟要等到什麼時候才兌現給自己？

袁嶽在《趁年輕，折騰吧》裡說到：「年輕的時候就是想要什麼就追什麼的時候。人的一輩子，在這個年齡如果還不去追求、還不去尋找自己想要的東西，而去接受自己不想要的東西的話，你這一輩子活得有什麼意思！」

我們如此幸運，可以領略這世界的美景，感受這個世界贈予的美好。

趁年輕，我們就要活出那個耀眼的自己，即使不耀眼，也要努力活出獨一無二的自己。

你可以裝睡，但現實不會

最好的旅行，不是你百計皆施地叫他看日出，他卻「百毒不侵」地躺在原地，而是朝霞紅遍天際之前，你能夠驚喜地說：「原來，你也在這裡。」那些裝睡的人，就讓他們自己醒來吧。

01

大學軍訓那時候，我們圍坐在一起，這其中就有胡夏。胡夏說，從小到大，自己都在班裡名列前茅。可惜的是，一向成績優異的他，卻因為緊張，在高考這個關口失了利。

胡夏的老家在安徽安慶，為了避開嘈雜的議論，他填報了外地的大學。那時他還心有不甘，覺得自己並非一無是處，並暗暗發誓一定要在畢業之後讓所有人大吃一驚。

大多數人的通病，都是在下決心上躊躇滿志，卻在行動上退縮不前。

面對大學的種種誘惑，胡夏漸漸迷失了自己——上課玩手機，下課玩電腦，必修課選擇逃避，選修課必定逃避，最後成為了老師們的眼中釘。

「不是沒想過好好學習啊，可是實在克服不了惰性啊。不是沒想過珍惜時間啊，可是只要聽到別人在玩遊戲，別人都在談戀愛，自己就不由自主地想放縱一下啊。」胡夏說。

於是呢，一直想說一口流利的英語，可是到現在，連單字都好久沒背了。一直想把圖書館的書看遍，可是到現在，即使被別人拉進圖書館，也只是占了個座位，看書的心早已飄到了九霄雲外。一直想考個證，哪怕是學會繪圖軟體（PS）或者編輯軟體（PPT），可是到現在呢，報了課程之後就再未上過，網站上存了那麼多影片課程，除了第一次打開確認是教學影片，就再也沒有打開過。

厲害的人無處不在。有隨時隨地和老外聊天的；有常年泡在圖書館的；有專業學得扎實出色的；有一畢業就被保送研究所和大公司錄用的；有大學時就開始創業，還沒畢業就成了校園風雲人物的……

胡夏也想成為這樣厲害的人。可惜的是，明知道自己有大把的時間卻沒有珍惜，明知道自己有升學的機會卻徘徊猶豫。最終，買的書落了一層灰，電腦上幾個遊戲鍵倒被磨得反光發亮。

那些裝睡的人，首先要做到的，就是讓自己主動醒來。

也許，只有到撞到牆壁、頭破血流的那一刻，他們才會懂得，這來之不易的每一天，都不該去虛度。

02

和同事娜姐聊天，總會有意想不到的收穫。有一次，我問娜姐，為什麼有些事明知道不對，對自己不好，卻還是有那麼多人硬著頭皮去做呢？

娜姐的回答非常中肯，因為努力不一定成功，不努力會很輕鬆啊。

的確，對於某些人來說，改變是極其痛苦的。他們總是「依賴」在舒適區裡，享受唾手可得的一切。這種「依賴」讓人覺得省力和舒服，漸漸地，就模糊了舒適與否的界限。而當他們認知到自己沉溺太久，想要改變時，卻發現難以自拔。與此同時，把思考轉化為行動，還需要一定的意志和努力，這才是無法突破的根源所在。

一匹被人類馴化的野馬，如若被放歸野外，跑得不夠快，危機意識不夠強，就只有被強大的敵人吞進肚子的命運。

一般情況下，一個人是很難改變自己的。改變自己，需要強烈的刺激，從而形成一股強大的推動力。所以啊，那些失戀、瀕死、失去親人等撕心裂肺的痛苦，足以讓一個人脫胎換骨。

比起撕心裂肺的痛苦，我更希望你懷有夢想，被夢想喚醒，被夢想推動。

不要明知道熬夜傷身還熬到半夜，不要明知道遊戲上癮還一再沉溺，不要明知道胖了不好看還胡吃海喝，不要明知道時間珍貴依舊賴床不醒。

看過一句話非常有道理，長得不好看還沒有好身世的人，要想在這個殘酷的世界殺出一條血路，就只有一樣武器了，那就是主動。

麵包不會自己跑到你的廚房，愛情不會自己跑到你的身邊，錢幣也不會自己鑽進你的錢包。

03

一個習慣裝睡的人，註定和一切美好的事物無緣。

那種感覺就像是，你和他在網上聊天，你的每一句話、每一個字，甚至每一個標點符號都反覆斟酌，刪了又刪，改了又改才按下發送鍵。之後，你心裡小鹿亂撞，以為他會把自己寵愛，可是他卻根本沒回覆你，甚至即使看到了，也是生氣地把手機扔在一邊，視而不見。

墜入愛河的你又怎會甘心，於是你時不時地問他在不在，是不是睡了，還擔心自己過於直接，發送頻率過高，卻不曾想過他早就有刪除你的心。

看吶，你無法叫醒一個裝睡的人，就像無法感動一個不愛你的人。即使你感動天感動地，也始終感動不了他。

別去打擾一個不想理你的人，因為他心裡根本就沒有你。

04

曾有一個自拍自導了兩部紀錄片的企業高級主管，接受採訪時說：

「一個女人的成長就是從本能上選擇早上的一杯牛奶，而不是半夜的一頓燒烤。不只是思想上的認知，而是出自本能地選擇了前者。很多人嘴上嚷嚷著要去健身，其實並不付諸行動，因為思想和本能是兩種意識形態。你每個週末躺在家賴床的時候，思想覺得看書、健身更重要，其實你的本能覺得賴床更重要，只有思想和本能達成一致，女人才會真正開始愛自己。

「二十多歲，千萬不要沉浸在P圖和活在朋友圈裡。不然到了三十歲，你會發現，奮鬥是一種習慣。騙自己也是。」

思想和本能達成一致，看似簡單，卻不是每個人都願意堅持，甚至是去嘗試堅持的。或許，這也就成了「不平凡」和「庸碌」之間的分界線。

莊子說：「井蛙不可以語於海者，拘於虛也。夏蟲不可以語於冰者，篤于時也。曲士不可以語於道者，束於教也。」

意思就是，井底的青蛙，你不可能跟它們談論大海，是因為受到空間的限制。夏天的蟲子，你不可能跟它們談論冰雪，是因為受到時間的限制。迂腐的人，你不可能跟他們談論道理，是因為教養、見識的束縛。

教養、見識不升級，說再多都是徒勞。

最好的旅行，不是你百計皆施地叫他看日出，他卻「百毒不侵」地躺在原地，而是朝霞紅遍天際之前，你能夠驚喜地說：「原來，你也在這裡。」

那些裝睡的人，就讓他們自己醒來吧。

與其討好別人，不如好好愛自己

為別人而活，就註定犧牲自己，拔掉自己的羽翅為別人製衣添暖。為自己而活，就要懂得聽從自己的渴望，渴了餓了就喝水吃飯，愛了恨了不撒謊，溫柔堅強也會有力量。

01

和餘生相識，是在一場讀書會。

一次笑中有淚的分享，讓我對這個有故事的男同學刮目相看。

很早以前，他在一家鐵路國營企業上班，五險一金，富足穩定，讓很多人豔羡不已。

按照家人的意願，再上兩年班，遇到個漂亮的女生就結婚，買房買車。不說過上多麼富足的日子，至少經濟穩定，吃喝不愁。

老一輩人，辛苦操勞了大半生，大多希望子女按照自己的意願去生活，卻很少有人願意互換角色，考慮子女原有的期許。餘生的家人也不例外。

因為工作的獨特性，餘生要常年跟著團隊去郊外，甚至是去荒無人煙的山區工作。時間久了，餘生開始厭倦這種居無定所的生活，痛定思痛地辭了職。與此同時，女友也搬進了城裡。

所有人都覺得他瘋了，那麼好的工作，不是人人都有機會的。最氣憤的是他的爸媽：「好端端的工作說辭就辭，工作沒了著落，萬一找不到，就等著餓死吧。」

事實上，家人的擔心並非多餘。就在他搬到城裡兩個月後，女友因為看不到希望向他提出了分手。是啊，不是每個女生都願意陪你在條件惡劣的違章建築裡蝸居，也不是每個女生都有義務陪你吃苦到底。

餘生回憶起過去，眼裡泛著淚花。當時隔壁住的是一個工人之家，有一天晚上，男孩從路邊撿到一隻狗，男主人看到後氣憤地往外攆，還踢得小狗滿身是血。

小狗除了睡覺是不出聲的，其餘時間都在哀號。餘生動了善心，白天要麼出去找工作，要麼去網吧學習建網站和搜尋引擎優化技術（SEO），晚上就回來照顧小狗。為它安窩，為它清理傷口，喂它小吃街上撿來的香腸和肉骨頭。

沒想到的是，小狗還是死去了。

該有多悲哀啊，連隻狗都養不活，他常常這樣感嘆道。那一晚，他獨自一人站在天橋上，望著遠處的車水馬龍、燈火霓虹，多少次想一躍而下。

為了維持生計，他最終選擇了苦工——在超市搬貨，頂著寒風炎日給別人送快遞。

雖然每月賺不到一萬塊錢，可是他說，那都是真正靠自己賺來的安全感，只要熬過去，什麼都不怕了。

如今的餘生，已是一家網路公司的總裁，公司規模也從當初的幾個人，拓展到了數十個人。實現財務自由後，餘生依然堅持自學建網站和搜尋引擎優化技術（SEO）。他說，這是當年救活他的飯，打死也不能丟。

說到這，餘生的嘴邊有了一絲微笑：「十多年過去了，回想那段日子，雖然過得並不如意，但卻活得像個英雄。我從未後悔過當初的選擇，儘管家人反對，女友離去，可是我只想做我自己，活出自己。」

這次演講讓我有些淚目，**不是誰都可以堅持自己的道路。有時，活出自己的確難能可貴。**

前往自由的路上，總會有一些不盡如人意的事情擋住去路。這時，前方有狼，後方有虎，我們除了披荊斬棘地殺出一條血路，真的別無選擇。

02

前段時間，公司裡負責行政的小玟找我訴苦。

她滿面愁容地對我說：「雖然我剛剛入職不久，可我是真想把工作做好，為什麼總是事與願違？」

我急切地問她發生了什麼，她幾乎要哭了出來：「新陽，也許你根本不知道，行政的工作到底有多難做，每次我按照公司的規章制度在群組裡公佈處罰公告的時候，群組裡就瞬間炸開了鍋。那感覺，就像是我故意在針對某個人，可是我並沒有啊，我不過是在執行我的工作罷了。」

我問她：「那你自己覺得是不是在針對某個人？」

她連連搖頭，說：「怎麼可能呢，如果那樣我不就給自己挖坑了嗎？我只是覺得自己不適合做行政，監督得太嚴，同事們總覺得我是個小人，故意疏離我，可要是監督不嚴呢，大主管小主管的又會挑我的不是了，我到底怎麼辦才好啊？」

這讓我想到了學校裡的考核人員，同樣承受著來自同學和班主任之間的壓力。我笑了笑，沒有馬上回答，而是給她講了一個小故事。

有一個青年請教大師：「大師，有人誇我是天才，有人罵我是笨蛋，依你看呢？」

大師反問：「這個問題先別急著問我，要問問你自己。」青年一臉茫然。

大師接著說：「譬如一斤米，在炊婦眼中是幾碗飯，在餅家眼裡是燒餅，在酒商眼中又成了酒。米還是那米。同樣，你還是你，有多大的出息，取決於你怎麼看自己。」

小玟聽後，豁然開朗。

在我看來，為自己而活和為別人而活就相當於天平的兩端，註定無法平衡。

蔡康永曾說過：「長大這麼辛苦，如果不趁機成為自己生活的主人，實在太不划算了。」所以啊，活出自己就好，不必取悅其他人。

為別人而活，就註定犧牲自己，拔掉自己的羽翅為別人製衣添暖。為自己而活，就要懂得聽從自己的渴望，渴了餓了就喝水吃飯，愛了恨了不撒謊，溫柔堅強也會有力量。

03

某個深夜，陳可辛執導的《李娜》紅遍了朋友圈。這是一部由網球世界冠軍李娜主演，根據李娜自傳《最好的時間說再見：李娜自傳》取材的短片。

走下球場的李娜，穿著長裙，腳蹬高跟鞋，優雅地走進一家咖啡廳。就在她將要打電話的那一刻，早已去世的父親如夢境一般坐在了她的對面。

「你這幾年過得還好嗎？跟我講講吧。」父親望著她說。

「我結婚了。」看到父親微笑地點了點頭，李娜接著說，「打了十二年的網球，二零零二年我退役進入大學。你肯定想不到，我選的新聞系吧？」

父親緩緩地攤開李娜的手，說：「後來你又復出了，你手上的繭子告訴我，你又打了十年球。」

這時，李娜濕了眼眶：「我二零零四年復出，又回到了球場，終於成為了我一直想成為的職業球員。」

畫面一轉，回到了李娜的童年。那時，她因打網球小腿變粗，常被其他孩子嘲笑不像女孩子，於是坐在舊式自行車上的她，小心翼翼地問爸爸：「我好看嗎？」

爸爸的回答簡短卻發人深省：「做你自己，就會好看。」

後來爸爸走了，李娜得了冠軍。隨後退役，結婚生子，成為一名作家和教練。這些年來，她似乎從未忘記做自己，爸爸也從未離開過她的世界。

這個短片最讓人感動的一個畫面，是李娜一邊流著淚，一邊對父親說：「我以前覺得打球特別難，現在覺得生活更難。」

父親安慰她說：「以前比賽的時候，別人能看到你的努力，現在可能你的努力別人看不見，但沒關係，因為你是在為自己綻放。」

有一種成功，無關輸贏，無關名利，而是真正按照自己的意願去生活。按照自己的意願去生活，不必討好任何人，看似一念之間，改變的卻是整個人生。

我始終認為，一個人之所以苦惱，無外乎兩個原因：一是事情沒有按照自己的設想去發展；二是沒有聽從自己的內心，最後發覺時卻為時已晚。而第二種，顯然更容易改變，不至於全盤皆輸。

我非常喜歡一句話：真正的勵志，哪裡是向你灌輸雞湯就能逆襲的？真正的勵志是生於平凡，卻用自己的方式，熱愛著生活，努力地生活。

在這個滿是芸芸眾生的舞臺上，你才是真正的主角，永遠都是。

願你可以活成自己喜歡的模樣，不必取悅任何人。好好愛自己，用最好的姿態迎接這世界，最終，像瀟灑姐所說的那樣：「**願你有高跟鞋也有跑鞋，能喝茶也能喝點小酒。願你有勇敢的朋友，有強悍的對手。願你對過往的一切情深意重，但從不回頭。願你特別美麗，特別平靜，特別勇猛，也特別溫柔。**」

不要讓你的人生只停留在嘴上

口頭承諾永遠蒼白無力，行動起來才可以證明自己。沒有行動的承諾是可怕的，親手撕毀了承諾不說，那些期待也因自己的「不為」而消磨殆盡。說得漂亮，不如做得漂亮。沒有行動，哪來的日月星辰？沒有行動，又哪來的山川湖海？

01

微博上曾有一張男生向學姐表白的截圖紅了，引起不少網友圍觀。

截圖上，男生有些不好意思地對女生說：「學姐，那個……我喜歡你……」

在大多數男生看來，對於這樣的表白，女生要麼同意交往，要麼就此絕交。但學姐的回覆讓男生始料未及，一個無關痛癢的「哦」讓男生瞬間失落至極。

男生有些委屈地說：「學姐，你能不能不要對我這麼冷淡啊。」

學姐的回覆非常霸氣：「肚子餓了自己去吃飯，沒衣服穿了自己去買，感冒生病自己去醫院，無聊了自己找事情做，沒錢了就好好去掙錢。你跟我有什麼關係，我憑什麼要對你熱情，難道就憑你說一句『我喜歡你』嗎？別開玩笑了好嗎！」

男生依舊不依不饒：「可是學姐……我是真的喜歡你啊。」

學姐只是回了句：「哦，關我什麼事？」

在這張截圖的下面有人評論道：「喜歡一個人有錯嗎？要被這樣子說，那男生該有多難過啊。」

評論下面，有無數人點讚。

比起同情這個男生，我更欣賞另一個評論：「喜歡一個人固然沒錯，但你的喜歡僅僅只是嘴上說說，那也就毫無意義，別提自己有多難過，畢竟你嘴上說說的喜歡，誰知道是真是假？」

是啊，說「喜歡你」不過是動動嘴唇，誰都可以做到，但要證實「我喜歡你」並不是一件容易事。這個男生就像日劇《王牌大律師》裡說的那樣：「自說自話喜歡上別人，還自作多情地認為對方也喜歡自己，其實不過是在給對方添麻煩罷了。」

有些話，說出來不過是為了感動自己，卻永遠感動不了別人。因為大多數人說話之前壓根就沒有想過行動，說話之後也懶得動彈。

想要得到，就要去爭取，所有得到都不是平白無故。

如果愛他或她，那就用行動證明你的愛，畢竟愛是需要行動來證明的，不是想出來的。

02

中華航空曾推出一部品牌廣告片《說好的旅行呢》。

這部廣告片只有一分多鐘，靈感均來自日常的生活，取材幽默，拍攝手法新奇，上架不到兩天，點擊量就突破了四百萬。

一個姑娘走在路上，突然被樓上清洗玻璃的工人潑了一盆涼水，姑娘猛然間抬頭，竟鬼使神差地看到兩個閨密帶著行李出現在樓上，螢幕突然出現幾個大字：「說好的泰國潑水節呢？」

一個戴著黑色眼鏡框的商業男士，在衛生間裡如廁，翻開報紙的第一頁，就看到關於極光的新聞，抬頭竟看到所有員工都出現在面前，螢幕突然出現幾個大字：「老闆，說好的去加拿大看極光呢？」

一個男子忙碌得離不開身，轉過身一看是兒子，螢幕突然出現幾個大字：「說好的迪士尼呢？」

另一個姑娘走進一家咖啡廳，準備點上一杯下午茶，兩個朋友竟坐在對面，螢幕上突然出現幾個大字：「說好的去英國喝下午茶呢？」

最讓人印象深刻的是短片的最後，一對年長的夫婦坐在車裡，一個青春靚麗的女孩踩著高跟鞋、穿著熱褲靚麗地走過，丈夫望了望靚麗的女子，又望了望身旁年老的妻子，螢幕上突然出現幾個大字：「說好的夏威夷蜜月呢？」

是啊，我們總是要在被淋成落湯雞的時候才會想起，和閨密一起去過潑水節；總是要在看到旅行的新聞，才會想起對員工們的承諾；總是要在孩子出現之後，才能想起孩子的心願；就連幾十年前說過的蜜月之旅，奈何等到妻子熬成了老太婆，都沒有來得及兌現！

口頭承諾永遠蒼白無力，行動起來才可以證明自己。沒有行動的承諾是可怕的，親手撕毀了承諾不說，那些期待也因自己的「不為」而消磨殆盡。

說得漂亮，不如做得漂亮。沒有行動，哪來的日月星辰？沒有行動，又哪來的山川湖海？

03

娟姐是我工作上的搭檔，也是我工作之餘的好友。猶記得，我曾和娟姐討論過

「在乎」這個話題。

自從娟姐結婚後，她常流露出內心的喜悅。

她曾不止一次地對我說，真正愛一個人是需要付出行動的，而所有行動都會在女生這裡匯成一句話：「對的那個人，永遠會在乎你。」

我好奇地問她對「在乎」的理解，她說：「不在乎你的人，常會藉著『在忙』的幌子敷衍你，假意地用一句『再聊』，轉瞬杳無音訊。而真正在乎你的人，他（她）把你說過的每句話都記在心裡，不惜放下自己的一切來陪你。

「不在乎你的人，給你發著晚安和睏意的表情，自己卻熬著夜，發著和你毫無關係的朋友圈。而真正在乎你的人，他（她）會想著你會不會失眠，被子有沒有蓋好，夜裡會不會冷著。

「不在乎你的人，只顧加班和應酬，完全把你拋在腦後。而真正在乎你的人，他（她）會在下班的路上給你買上你愛吃的宵夜，甚至繫上圍裙為你煮上一碗麵。」

娟姐和她的男友也曾分處異地，可是距離並沒有阻礙他們真心相愛。

有一年，梅花開得正豔，她激動地告訴他，說她希望有一天他們能夠像其他戀人那樣，在花海裡徜徉。

沒有片刻猶豫，她的男友推掉了手頭所有的工作，買了飛機票。見到他的那一刻，她感動地流下了淚，並暗暗發誓，要和他談一輩子的戀愛。

真正愛你的人，即使再忙，也都對你永遠有空。所以啊，別再陶醉於那些華而不實的自我感動了，愛從來都不是嘴上說說，而是要用行動來證明。

愛情劇《親愛的翻譯官》裡有一句臺詞是這樣說的：「真正的堅持不是在最短的時間裡做決定，而是在最長的時間裡去行動。」

要想認清一個人是否真的愛你，只要看他（她）是否真的願意為你付出。一萬次承諾，都抵不過一次切實的行動。

所有的愛，只有行動了才叫愛。

把握現在，就是對未來最大的慷慨

一個人有多大的成就，在很大程度上取決於對當下的態度。不要去相信永遠，你所能做的，就是眼前。把握現在，所有的美好終會如期而至。

01

新片場的創作人舞刀弄影，曾拍攝過一部關於都市一族心理寫照的溫情片《平凡英雄堅持享有未來》。

一個身心疲憊的皮夾克男子，把重重的行李放進後車箱，那是他第十一次想要逃離這座城市。一個勤奮加班的白領，文案被批得一無是處，那是她第七次想要離職。一個衣著西裝，滿臉焦慮的公司股東，在公司轉型上和其他股東產生分歧，那是他第二十六次想要解散公司。一個生活平淡、愈加沉悶的妻子，常常壓抑得夜不能寐，那是她第三十三次想要離婚。

我們都在不斷地張望，試圖改變這個糟糕的現狀。於是就有了「離開這一切，或許就好了」、「換個時機，或許就好了」、「換個對象，或許就好了」……

可是如果都換了，一切真的會變好嗎？

冷漠的城市，哪裡都有刁難人的上司和工作的壓力，哪裡都有枯燥的往復和驅不散的焦慮。有時候，逃離不過是一場自欺欺人的遊戲。

《獅子王》裡，辛巴遇到丁滿的時候，丁滿勸辛巴：「如果世界遺棄你，那你也遺棄世界好了。」

一個人心灰意冷的時候，面對不幸，最偷懶的方式，或許就是逃避吧。而遺棄世界，不過是逃避世界更高級一點的說法而已。

既然要換，為什麼當初要選擇？我們翻山越嶺，一路跋涉，總少不了跌跌撞撞和磕磕絆絆，而最初的熱愛和夢想，並沒有因此黯淡。

眼前的苟且尚且無法解決，還奢望打敗遠方的苟且嗎？面對無法容忍的現狀，與其遺棄這個世界，不如把握現在，迎難而上。

畢竟，不把握現在的人，有什麼資格談未來？

02

曾問過一個朋友，哪個瞬間會讓他覺得當下的時光最珍貴。

我得到的回答是，當你發覺生命只有一次的時候。

沒有哪一年、哪一天會比當下最珍貴了，逝去的將不再重來，未來又有太多未知，只有當下才是最值得珍惜的。

記得二零零九年日全食出現的那一天，所有同學都按捺不住激動的心情，都在議論這「百年一遇」的奇觀，一度讓課堂無法安靜。

上地理課的時候，老師並沒有急著給我們講授日全食的知識，而是語重心長地對我們說：「日全食雖然難得一遇，可是僅有一次的今天，不也是絕無僅有嗎？今天過去了，就再也不會重來了，不比日全食更珍貴嗎？」

全班同學都幡然醒悟。

有人叫嚷著鍛煉塑身，卻只有三分熱度，而後用各種理由麻痹自己。有人標榜著各種夢想，卻只是空想，從來不去實踐。有人想要改變現在糟糕的一切，卻遲遲邁不出腳步，即使上天向他伸出了援手，他都不願意挪挪身子。

沒有哪一天可以停滯不前，也沒有哪一秒可以重新來過。放棄了當下，把所有事情都推到無休無止的明天，你的明天會更加遙不可及。

總有一天你會明白，活在當下，才是對人生最大的敬意。你最應該珍惜的，就是這來之不易的每一天。

03

諾貝爾文學獎獲得者莫言曾講過一個故事：

「多年前我跟一位同學談話。那時他太太剛去世不久，他告訴我說，他在整理他太太的東西的時候，發現了一條絲質的圍巾，那是他們去紐約旅遊時，在一家名牌店買的。那是一條雅致、漂亮的名牌圍巾，高昂的價格標籤還掛在上面，他太太一直捨不得用，她想等一個特殊的日子才用。講到這裡，他停住了，我也沒接話，好一會兒後他：『再也不要把好東西留到特別的日子才用，你活著的每一天都是特別的日子。』

以後，每當我想起這幾句話時，我常會把手邊的雜事放下，找一本小說，打開音響，躺在沙發上，抓住一些自己的時間。我會從落地窗欣賞淡水河的景色，不去管玻璃上的灰塵，我會拉著家人到外面去吃飯，不管家裡的菜飯該怎麼處理。生活應當是我們珍惜的一種經驗，而不是要捱過去的日子。」

人們總是習慣把希望寄託於明天，可是明天自然有明天的煩惱和心結，我們唯一可以把握的，就是現在。

04

有一個哲理故事說來有趣。一個男人被老虎追趕，逃跑之餘不小心掉下了懸崖，好在他眼疾手快抓住了一根藤條，身體懸掛在空中。

男人往下看，萬丈深淵在等著他。抬頭向上看，老虎在上邊盯著他。往中間看，發現藤條旁有一顆熟透了的草莓。現在這個人有上去、下去、懸掛在空中什麼也不做和吃草莓四種選擇，他應該選哪個？

禪學大師的答案是：「吃草莓。」

好看的衣服現在就要穿上，想去的地方現在就去啟程，可以觸摸到的幸福不要等到人走茶涼之後再去感受。

曾有人在網上提問：「三十歲才開始學習寫作、學英語、學音樂可靠嗎？」其中獲讚最高的回答是：「種一棵樹最好的時間是十年前，其次是現在。」

是啊，**對未來的真正慷慨，就是把一切獻給現在。**

一個人有多大的成就，在很大程度上取決於對當下的態度。不要去相信永遠，你所能做的，就是眼前。

把握現在，所有的美好終會如期而至。

PART 2

為了曾讓你半夜哭醒的夢，你也走了很遠的路吧

海明威曾經寫下：「這個世界很美好，我們應該為之奮鬥。」我只同意後半句。

那些打不倒你的，一定會讓你更強大

有的路，走著走著就走通了。黑的夜，熬著熬著就天亮了。那些打不倒你的挫折，終究會讓你更強大。

01

有一句話常常在朋友圈洗版：沒有在深夜痛哭過的人，不足以談人生。

誰不曾在深夜裡痛哭，誰又不渴望愛和被愛？有時候，宣洩出來遠比故作堅強要強得多。哭過之後，也請你擦乾眼淚，別那麼容易就被現實打倒。

身邊發生過，這麼一個催淚又令人振奮的故事。

曾有一段時間，一個男人躲在樓下的樓梯間裡藉酒消愁。

那男人文質彬彬，戴著一副黑框眼鏡，穿著藍色的襯衫，袖子捲到了手肘上。但仔細一看，他腳下全是喝空的啤酒瓶。

原以為他不過是喜歡喝酒，後來才知道，他的父親前不久突發腦溢血去世了，他沒來得及見最後一面。不僅如此，他創辦的公司接連虧損，如今資不抵債，已經到了破產的邊緣。而他談了好多年的女友也不辭而別。接二連三的打擊，讓這個看起來健壯的男人開始酗酒度日。

平日裡滴酒不沾的我，那晚陪他喝了好幾瓶。見我坐下，他默默地遞給我一支香煙和打火機，我分明看見，他點煙的時候雙手一直在顫抖。

我陪他坐了很久，說起了許多身邊的人和事。這些故事，有的近乎相同，有的甚至比他的經歷要慘上好幾倍。我願意聽他傾訴，也樂於解開他鬱鬱的心結。

那些平日裡看起來嘻嘻哈哈、沒有煩惱的人，不見得夜深人靜時不會孤獨落寞。那些平日裡堅強剛毅、活潑樂觀的人，也不見得在夜深人靜時不會獨自舔舐自己的傷口。

其實，我們都是「都市貝殼人」，對外都有一個堅硬的殼，藏在裡面的卻是最柔軟的內心。我們怕受傷，所以把自己的外殼鑄就得像鋼鐵。

我們怕被辜負，除了少數人，誰也不曾看到我們的內心。

從那以後，我再也沒在樓梯間看到過他。直到有一天，他叩響了我家的大門，說是要去北京找一個投資人，準備重振旗鼓，再度創業。聽到這個消息，我也為之振奮。

尼采說：「一棵樹要長得高，接受更多的光明，它的根源就必須更深入黑暗。」

我們都是在黑夜裡迷茫、無助，卻依舊咬牙堅持的人。流過淚，忍受過孤獨，才會更懂得一個可以依靠的肩膀是多麼可貴。

02

記得金志文演唱的那首《都市貝殼人》，一經推出，就頻頻佔據了各大音樂排行榜的榜首。

「我本一無所有而來，漂浮在茫茫的塵海，在未知中忐忑期待，總是不甘心接受未來的安排。心想要柔軟的攤開，卻不經意忘了傷害，渴望安慰，感覺到身心疲憊，有扇門在為我一直等待……」歌詞道出了許多人的心聲。

這首歌的誕生並非突發奇想，而是房地產公司「貝殼找房」精心策劃後，和唱作人合作的結果。這個房仲品牌採訪了一百多個都市人，並選擇了其中三個最能觸動人心的故事，拍成了一條溫暖而走心的短片。

一對年輕情侶終於有了自己的新房，卻遭到了女方家人的極力反對。一對陷入窘境、為錢奔波的中年夫妻不敢再接受突如其來的第二胎。一個離婚的女白領，事業生活一團糟，還要獨自撫養孩子長大。

其實，我們都是天生柔軟的動物。是外界的磨難，讓我們逐漸長出了堅硬的外殼。

誰說我們註定被現實打倒？

只要彼此深愛，踏實努力，就不怕所謂的「門當戶對」。為了留住這個還未來得及看看這個世界的小生命，拼盡全力又如何？當事業和生活使你不堪重負時，振作起來，這世上只有過不去的人，沒有過不去的坎。

我常放在嘴邊的一句話就是：所有事情最終都會變好，如果沒有變好，那是因為還沒到最終。那些流過的淚不會白流，受過的苦不會白受，那些打不倒你的挫折，一定會讓你更強大。

堅強起來，一切都會漸漸變成你想要的模樣。

03

英國導演馬蒂亞斯．霍恩（Matthias Hoene），用鏡頭記錄了殘疾軍人馬克．史密斯（Mark Smith）的勵志故事。

Mark Smith曾經在波士尼亞、伊拉克和阿富汗服過役。六年前，Mark Smith在加拿大參加了前往阿富汗的預備部署訓練。一個年輕人在清理管轄區的房間時，對著角落練習開槍，而Mark Smith恰好就在牆的另一邊，不幸中彈。

命運似乎從那時起發生了改變，彈片猝不及防地襲來，一枚穿過了他的右肩，更要命的是，六枚擊中了他的右腿。

在事故發生之際，Mark Smith的兒子只有五個月，為了再見到兒子，Mark Smith忍受著劇痛做了截肢手術。

出院之後，Mark Smith把空閒的時間全都花在了健身房，把所有煩躁、暴戾和失望轉向積極的方面。無法再駕駛飛行，無法再操作控制台，無法用假肢行走，甚至是一事無成，面對眾多的否定和質疑，Mark Smith的態度卻始終無比堅決：「我想要打破界限，建立新的標準，想要展示我能做的事，我不想被看作一個廢人，我想讓人們對我的評判，建立在我現在所得到，而不是所失去的東西之上。」

「我的周圍都是癱瘓了或是失去了兩條腿的兄弟。」面對媒體，他倔強地說，「我知道相比之下，我已經很幸運了。我的家人需要我，我要給我的兒子們樹立榜樣。」

軍人的性格令他幾乎沒有時間去憂鬱，通過異常艱苦的訓練，Mark Smith最終獲得了世界殘疾人健美冠軍。

真正的強者，不是流淚的人，而是擦乾眼淚繼續奔跑的人。正如人們所說，**只有經歷過地獄般的折磨，才有征服天堂的力量。只有流過血的手，才能彈出世間的絕唱。**

文友鹿滿川說：「其實，真正能擊垮你的，從來都不是別人的非議，而是你對自己的懷疑。」

只要精神不倒，世間萬難都無法將我們推倒。

有的路，走著走著就走通了。黑的夜，熬著熬著就天亮了。那些打不倒你的挫折，終究會讓你更強大。

哪有不平凡的人生，只有拼了命的努力

誰不是拼了命的努力，才換來一個理想的人生。雖然辛苦，我還是會選擇那種滾燙的人生。

01

剛來報社上班那時候，我就認識了諾諾。

諾諾是和我一起進來的實習生，個子不高，皮膚黝黑，常常穿一件黑白格的圓領衫。

因為都是剛剛入職的實習生，沒過多久，我和諾諾就成了無話不談的好朋友。

中午去樓下吃飯，諾諾總是買一碗五塊錢的雞蛋麵，不為別的，只為雞蛋麵在價目表中價格最低，而我也從未見他買過飲料、零食，甚至是早餐。一到同事聚餐，他就會婉拒，下班後也總愛騎上一輛共用單車，匆匆地消失在車流中。

原以為諾諾不過是偏愛雞蛋麵的味道，不喜歡零食和飲料，早餐也一定是早早地吃完了，騎自行車是因為住處離公司近，拒絕聚餐也是因為有自己的事情。可是事實並非如此。這一切都是為了給遠在甘肅老家的母親寄錢治病，也為了讓在北京念大學的妹妹過得好一些。

諾諾的努力，遠遠地超過了我的想像。為了研究新聞稿，他會在下班後反鎖房門，把辦公地點搬到家裡，一頁一頁地啃那些晦澀的專業書。為了鍛煉採訪能力，他把時間充塞得滿滿當當，對著鏡子一遍又一遍地練習。工作上一有不懂的地方，他就拿本子記下來，群組裡滿是他的求教資訊。

這樣拼命，讓我都有些自慚形穢。更令我震驚的是，諾諾還在夜間兼職，給一家連鎖餐廳送外賣，接一單不過才三十五塊錢。

一次閒聊，諾諾問我：「你知道淩晨兩點的街頭是怎樣一番景象嗎？」

我望著他，搖了搖頭。

諾諾憨憨一笑，對我說：「深夜兩點的街頭上演的是人生的大戲。匆忙趕路的人裹緊衣襟，無家可歸的人四處遊蕩，為愛受傷的人嘶聲大吼，酗酒買醉的人隨地而臥……」

我一邊聽，一邊想像著諾諾描述的場景，如鯁在喉。

我問他是不是要一直這樣拼下去，難道不擔心身體？

諾諾又是憨憨一笑，反問我：「新陽，你有沒有玩過一款叫QQ飛車的遊戲？」

我使勁點了點頭，諾諾接著說：「很多時候，我們不過是在低速公路上奮力追趕的普通車，路況一般，速度一般，就算是打了個飛擋，也只能目送那些裝備超人的吉普車。」

緊接著，諾諾又為我算了筆賬：「在大城市，以一個普通打工者的薪資來計算，即使轉正職，月薪兩萬五千，合租房一個月一萬，交通費四千，吃飯購物聚會七千五百，生活用品費一千至一千五百，這還不加戀愛花費、生病和突發情況。真正拿到手的兩萬五百塊錢最終還能剩多少呢？日子已經捉襟見肘了，更別提什麼買房了。要是再不控制點開支，一年到頭就等於白忙了。想一想，誰不是拼盡了全力，才換來一個差不多的人生？」

我簡直不能再肯定諾諾的話了。

在這個險象環生的世界裡，哪一個人不是伸直了脖子向上張望，憋足了勁向上攀爬。哪一個不是拼盡了全力，哪怕被逼到捲舖蓋走人，也不願意被別人看到自己的不堪。

02

十八歲那年，好友依然從一所名不見經傳的高職學校畢業。就在醫院實習並等待工作分配的時候，學校通報了一個消息，這一屆的學生都不再分配工作。因為沒有途徑進大醫院，私人診所薪資又低得可怕，無奈之下，依然轉行到一家通訊公司當營業員。

營業員的工作是極其枯燥的，整天都是處理不完的業務和開不完的會，再加上跟同事之間難以相處，她痛定思痛，決定一邊工作，一邊高考。

當繁重的工作從四面八方朝她襲來時，她常常累到虛脫，連說話都沒有力氣。回到出租房，她就配著家裡帶來的鹹菜，吃完路上買來的饅頭就開始學習。房間狹小，燈光昏暗，她埋頭苦讀的身影一次次地印在了牆壁上。

酷暑時分，她把雙腳泡在水裡，任憑汗水打濕了書本。寒冬季節，她把被子披在身上，再冷也捨不得買電熱毯。就這樣，她迎來了高考。

苦心人，天不負。依然最終拿到了山東某醫科大學的錄取通知書，開學前一周，她退了房子辭了職，也存夠了整整一年的學費。

在大學，她是班裡最努力的那一個，堅持每天六點晨讀，晚上雷打不動地把功課做完，一有時間就去圖書館看書，充實且不孤單。

到了畢業那天，她卻沒能留在實習部門繼續工作。一是名額有限；二是比她長得好看，專業水準比她高的大有人在。

她沒有氣餒，在一次面試中憑藉出色的外語，被外地的一家醫院錄用。幾年的自律，讓她捨不得浪費一分一秒，除了日常工作，她還報了在職研究生考試。

同事都喜歡用「人如其名」來誇獎她。

當別人在談戀愛的時候，她在學習；當別人渾水摸魚、和尚敲鐘時，她依然在充實自己。

一年後，她成功考上了在職研究生，並晉升為護理部主任。同年，她有了自己的家庭，也有了可愛的寶寶。

從她的身上，我們或多或少都能發現自己的影子。一個人從底層毫不起眼的際遇裡崛起，通過一點一滴的努力擺脫桎梏，不靠父母、不靠關係，靠的只是夜以繼日的汗水和努力。

拋開「知識改變命運」這一說，依然之所以讓人振奮，更重要的一點，是她願意付出所有的努力，去換取一個理想的人生。

一個理想的人生的背後，是在風雨中不斷的前行，是爭取最短的時間達到目的。

誰說不夠閃耀的星星就不是星星？

要知道，為了發出那一點點光亮，無數個如依然般的人，付出的是多於天賦異稟、順風順水之人兩倍、五倍，甚至十倍的努力。

03

高中時，我的前排是一個胖胖的男生，每一次考試都是全年級的前三名。看著他受到同學的追捧和老師的稱讚，我只有羨慕的份。

因為座位周圍都是女生，到了下課，他就會轉過頭找我聊天。我不止一次地想陪他好好聊天，可是那個時候我還比較內向，再加上除了學習，沒什麼其他興趣愛好，於是，在一兩次冷場後，他就不願找我聊天了。

我漸漸地發現，前桌這個看似其貌不揚的男生，不僅可以滔滔不絕地談起時事政治，還可以饒有興趣地聊起明星軼事。從趣聞、歷史到政治、科技，再到軍事，他都可以講上好幾個小時。

於是，我陷入了一種自卑的情緒。

如果不是聰明，或者是記憶力過人，又怎能興趣廣泛又保持那麼好的成績？

苦惱、不堪、迷茫，如影隨形地折磨了我好多天。

後來，還是我的同桌張蓓，把我從自卑的沼澤里拉了出來。

她語重心長地對我說：「新陽，你要知道，在這個世界上不可否認有肖奈大神的存在，他們根本不用拼盡全力，只要稍微動動腦筋，就可以輕而易舉地取得別人難以望其項背的成績。可是，站在金字塔頂端的畢竟是少數啊，哪有那麼多的肖奈大神？

「所以啊，我們如果原地踏步，就永遠沒有翻身的那一天，很多時候，除了拼盡全力，我們真的別無選擇。」

我沒有說話，眼裡滿是淚花。

這個世界充滿了競爭，學校如此，社會更是如此。我們可以沒有相貌、沒有學歷、沒有能力、沒有人際，但最不能拋棄的，就是那顆「欲與天公試比高」的心。

上學時，老師常用「努力不一定成功，不努力一定不成功」來激勵我們，當時我們都覺得這句話沒有新意，滿街都是的話根本不值得一提，如今看來，卻是我們遇難遇挫時，最難以拋卻的精神支柱。

誰不是拼了命的努力，才換來一個理想的人生。雖然辛苦，我還是會選擇那種滾燙的人生。

沒有一個冬天不可逾越

時光，它不會忘記青春的熱血；夢想，它總會溫暖寒冷的歲月。

01

有沒有可能，讓我們在心裡建一座足夠堅固的牆，抵抗所有的打擊？

我相信有。

都說成年人的世界裡沒有「容易」二字，長大後，我們都承受了太多的苦楚和委屈。或許有時候，這個世界並沒有想像中的那般美好，但並不妨礙我們去熱愛它。

酷狗（kugou）音樂曾拍攝過一個系列短片《致不易青年》，其中一期，說的是一個女生在城市裡奮鬥的艱辛故事。這個女生，映射的就是無數個在城市裡打拼的我們。

週末要加班，女生顧不上在家吃飯。母親百般叮囑和牽掛，只有一個女兒，她要不斷地安慰。

她花了兩個星期遞交的企劃案，受到老闆大聲訓斥。作為一個專案的負責人，她要承受來自上級的壓力，同時，還要不露聲色地鼓舞團隊的士氣。

沒有休假，沒有充足睡眠的情況下咬緊牙關，當專案預算撥下來的時候，所有同事都興高采烈地要去聚餐，而她卻選擇留在公司，一個人默默地吃便當。

最觸動人心的是，她把每一筆開銷都記錄下來，交通卡兩千五百元，媽媽買菜一千五百元，超市七百六十元，甚至是花在共用單車上的五元。

當她在電腦上敲上「專案二期推廣計畫」幾個大字的時候，她的內心得到了無比的滿足。

在這個大城市裡，壓力和幸福並存。那些在別人看起來微不足道的滿足，或許要耗盡我們所有的力氣。

02

看啊，所有可以標價的東西都在漲，交通費在漲、衣著費在漲、食物費在漲，當巨大的生存壓力撲面而來的時候，我們只有咬緊牙關、拼盡全力。

鄭鈞在《私奔》裡唱到：「把青春獻給身後那座輝煌的都市，為了這個美夢，我們付出著代價。」

把青春獻給身後那座輝煌的都市，為了追夢，我們都曾在深夜裡痛哭。哭過之後再擦乾眼淚，祈禱著明天的我們會被歲月溫柔以待。哪怕是比今天好那麼一點點，那樣，所有的汗水和淚水也都值得。

時光，它不會忘記青春的熱血。夢想，它總會溫暖寒冷的歲月。

03

去年，有一位同一個城市的阿姨找到了我，讓我勸她的兒子周周複讀。阿姨含著淚對我說，周周一直都在追我的文章，從中獲得了很多力量。家裡為了供他上學，已經一貧如洗了，所以，他想放棄複讀，打工補貼家用。

來到阿姨的住址，我被眼前拮据的生活狀況震撼。

那是鄉下的幾間瓦房，房頂漏了一個大洞，用塑膠布遮掩著。家裡沒有一件像樣的傢俱。唯一的經濟來源就是幾畝地，阿姨和她老公的身體又都不好，日子的艱難可想而知。

周周的成績一直很好，家裡貼滿了他的獎狀。如果不是他過於緊張，這次一定可以考上理想的大學。

周周哭了好幾個晚上，整天把自己關在家裡，誰勸都沒有用。

本來就不愛講話的一個男生，這下更加鬱鬱寡歡了。如果一直走不出來，是很容易抑鬱的。

最令人痛苦的事情，莫過於眼看唾手可得的東西，卻偏偏發生了意外，只留下泡影破碎般的無奈。

有的人，似乎總是無風無浪、一帆風順，順利地升學、工作、戀愛，很少為世事所煩憂。更多的人，卻要經歷迂迴、崎嶇的路途，哪怕越過幾座山，跨過幾次嶺，也不見得能看到光亮。

大概，人生的殘酷就是這樣吧。

後來，我帶周周去了他心目中那所理想的大學。當那所無數次在他夢裡出現的大學，出現在他面前時，他的眼裡閃過一道光。我們去教室旁聽，去社團交友，去食堂吃飯，去球場打球……

這一路的開導沒有白費，周周終於開口和我說話，並和我擊掌約定，明年的今天，他一定要考上這所大學。

後來，周周重回了學校，比任何人都要努力。看著他越來越好的成績，我相信他一定可以不負眾望。

我常常對他說，只要你不放棄，一定會有逆襲的機會，更何況一時的失利，並不能決定你的一生。

我們可以痛哭，可以忍受孤獨，但絕不能任由自己就此墮落。總有一天，我們心中的夢，會在這個世界得到實現。

04

從小一起長大的玩伴顧言，初中還沒畢業就輟學了。

後來，他獨自一人去大城市闖蕩。這些年，他做過餐廳服務員、加油站服務員、油漆工人、快遞員、推銷員和搬運工。

在本該在學校裡接受教育的年紀，他卻要為了吃飽肚子四處奔波，頂著烈日和嚴寒艱辛勞作。還沒到二十歲，皺紋就爬到了他的臉上，那蒼老的樣子著實讓人心疼。

一到過年，我們就會重逢。我會興致勃勃地跟他說起學校的生活，他也會興致盎然地跟我說起打工時的趣事。

冥冥之中，我總覺得我和他的關係會越來越遠。讓我沒想到的是，這一天，竟然來得這樣快。只不過兩三年的工夫，我和顧言之間的鴻溝就已經無法跨越。從初中到高中，再到大學，我的時間大多花在了學校。而他不同，幾年的人間冷暖早已鑄就了他一身的鎧甲。我們朝著不同的方向走去，只偶爾在節日裡才會寒暄幾句。

元旦長假，公司沒有准他假期。那時，顧言在一家保險公司上班，從事著最底層的銷售工作，幾個月下來，賺的錢還不及老員工的繳稅錢。

因為家裡需要用錢，再加上自己生存，最拼命的那一個就是他。即使節日假日沒有休假他也毫無怨言。即使這樣，他的薪資還是少得可憐。

「最開始的那段時間，我的眼淚總會自己流下來。其實，我特別害怕深夜，那樣我會更孤獨。」許久沒有和我聊天，這一次的聯繫，讓顧言再一次對我敞開了心扉。

那段時間，我和顧言雖然少了聯繫，可是我們還是沒有忘記彼此。

慶幸的是，顧言沒有讓關注他的人失望。就在入職後的第三個月，他開始有了穩定的客戶，工資也漸漸水漲船高，顧言再也不是那個曬得汗流浹背都不捨得買瓶水，凍得瑟瑟發抖都不捨得買雙棉鞋的傻小子了。

我們都曾是「不易青年」，骨子裡都有一股不服輸的韌勁。即使前途迷茫，也要風雨無阻地走下去；即使被撞得頭破血流，也會堅信守得雲開見月明。

不是所有成功，都能歸結於戰勝了苦難。有一種成功，是戰勝了過去的自己。顧言，受夠了他人冷落的酸楚，咽下了奔波的苦水，拔掉了身外所有的芒刺，拼盡全力打了一場翻身仗。他，成功了。

沒有什麼是過不去的。走著走著，雨自然會晴，天也自然會亮。而那些曾讓你哭過的事，也總有一天會讓你能夠笑著說出來。

所謂努力，不過是為了戰勝人生的殘酷

只有承受人生的顛沛流離，才能迎來溫暖明媚的自己。

01

聽朋友說起過這麼一個真實的故事：

一個來自貴州的男生，在上二年級的時候父親就因為一場車禍去世了。一個家瞬間沒有了支柱，母親也沒有工作，日子過得異常艱難。

母親在媒婆的勸說下改嫁，再婚之後卻發現對方是一個整日酗酒的酒鬼，一喝醉就打罵母子。因為天天挨打，日子變得雪上加霜，男生早就想逃脫這個牢籠，初中還沒上完就去天津打工了。

口袋裡只有一千五百塊錢的他，來到了天津這個完全陌生的城市，只能一邊吃泡麵、睡車站，一邊四處找工作。

年紀太小，沒人敢要。幾經輾轉，男生最終被一家不是很正規的KTV聘用為服務生。有了收入，有了希望，剛開始他挺開心的。然而，沒過多久他就遭到了各種惡意的侮辱和恐嚇。不得已，他只好選擇逃回了老家。

回到縣城後，他在當地的工地上當起了小工。整天汗流浹背做著苦力，賺著微薄的薪酬，皮膚被太陽曬得鑽心的疼。伯父實在看不下去，給他重新找了份工作，又給他介紹了一個農村的女生，讓他結了婚。

讓他沒想到的是，這個夢想著一夜暴富的女生，在嫁給他後，竟然慫恿他借錢炒股，結果全部賠了進去。之後，她竟然跟著其他男人跑路了。

擺在男生面前的，是一段幻滅的婚姻和一百五十多萬的債務。

女生跑路，少不了村裡人的風言風語，母親更是一病不起。男生整日守在床前，以淚洗面，覺得天都要塌下來了。

男生幾次跳河，都被好心的村民救了上來。如果不是村裡人帶他一起做礬石生意，他絕不會有今天的美滿。

那時候，市里興建藥材市場，村裡原本不起眼的礬石資源被政府看中，不少村裡人都靠礬石生意富足起來。

後來，男生終於把債務還完，還因為生意結緣，認識了現在的另一半。

有人對他說：「你可真行啊，要是換作是我，這輩子早就放棄了。」

男生只是淡淡地回了句：「我這一輩子啊，只有更壞沒有最壞了，大風大浪我都挺過來了，還有什麼過不去的！」

法國思想家羅曼・羅蘭說：「世界上只有一種真正的英雄主義，就是在認清生活真相之後仍然熱愛生活。」

是啊，熬過那麼多暗無天日的黑夜，如今的他，已然練就了一身剛強之軀，更珍貴的是，他有了一顆堅強的心。

02

電影《終極追殺令》裡，女孩瑪蒂爾達問老殺手萊昂：「人生總是這麼苦，還是只有童年苦？」

萊昂的回答是：「總是這麼苦。」

也許人生來就是苦的。有的人活在蜜罐裡，不過是為了躲避苦澀的侵蝕。而大多數人都漂泊在漫無邊際的苦海裡，惶惶不可終日。

朋友蘇可曾跟我說起他的過去。

二十四歲那年，蘇可帶著五千多塊錢來到了上海。幾經輾轉找到了工作，月薪不過才七千五百塊，還要支付每個月三千塊錢的房租。

為了生存，蘇可拼了命地賺錢，淩晨三點還在做兼職。半夜食物中毒嘔吐得厲害，卻因為怕花錢不敢打救護車電話。

二十五歲，家裡破產，欠下兩百萬的巨債。而他的月薪已經兩萬兩千五百塊，但他住的是無法直起腰來，兩個人一間的閣樓房。攝氏四十度的夏天，他不捨得開冷氣，甚至連蚊香都要掰成好幾段。為了省錢，他一年沒有買新衣，每天都只吃三十五塊錢的便當。

到了二十六歲，蘇可的工資達到了每個月四萬元，有能力幫家裡還錢，還交了女友，卻還是穿著三年前買的衣服，每天加班到晚上九點，吃公司的工作餐。

一直以來，蘇可對家裡都是報喜不報憂，朋友圈也從來只發快樂的人和事。記得他曾說，最快樂的事情，就是努力攢錢，想像著給女友買鑽戒求婚。哪怕再苦，一想到生活還有目標，身上就有無窮的幹勁。

有一次聊天，我突然冒出了一句：「蘇可你是不是都不會哭的？」

我有些尷尬，覺得這樣問會有些冒失，可是他倒是很愉快地回了句：「我哪有時間哭啊。」

是啊，如他一樣，連吃個滷雞爪都要拍張照片發朋友圈炫耀，還不忘附上一句「今天這個雞爪真好吃，老天爺其實對我還不錯」的人，還會在意什麼煩心的事情呢？

可是生活還是跟他開了個大玩笑。

就在蘇可二十八歲跳進了新公司，月薪八萬元，買了房子，還結了婚有了寶寶後，卻被查出患了肝癌。

為了不讓家人擔心，蘇可仍然和老婆孩子正常視訊，聊天開玩笑，每個月照常回家一次，每週卻獨自偷偷一人去化療。化療很痛，人衰老得很快，頭髮也大把大把地往下掉。他總是跟老婆開玩笑說，頭髮變少是因為加班；對爸媽說，白頭髮不過是打遊戲累的。

為了營造平安無事的氣氛，他依然只發最好的事情到朋友圈，把最好的狀態呈獻給別人。他只想多賺點錢，更多地留給老婆孩子和父母。

看著他在朋友圈裡和同事聚餐，去海邊旅遊，買了新衣和跑鞋，我也絲毫未察覺出什麼異樣。直到有一天為他慶祝生日，他才鼓起勇氣告訴了我們這一切。觥籌交錯中，我們都濕了眼眶。

那晚，我們都給了他一個擁抱。我們想用這種無聲卻最溫暖的方式，給他一點慰藉。而事實上，他並沒有我們想像中那般脆弱。他的話讓所有人再度落淚：「對我來說，從來都沒有覺得什麼是最艱難和痛苦的日子，人生本是一場旅行，也許，對我來說，只是比父母和孩子早下了幾站而已。」

幾米說：「有時候你以為天要塌下來了，其實是自己站歪了。」堅強如蘇可，在經歷一段艱難困苦的歲月之後，再也沒有什麼可以輕易擊垮他，哪怕是死亡。

03

另一個朋友也有過對抗死神的經歷。

就在二零一八年的五月，她體檢時被查出甲狀腺癌，被迫辭去了工作，從高級主管變成了一個一窮二白的失業者。

一次大出血，她被緊急送往了醫院，情況進一步惡化，她又被查出了子宮異常出血導致的中度貧血。因此，身體不斷惡化的她，留院觀察了很久，每天都少不了吊生理食鹽水，注射止血針。

貧血導致她不停的眩暈，最嚴重的那段時間裡，她無法站起來，也無法自理生活。有好心的護士給她送飯，她都沒有力氣拿筷子。

有一次，她自己一個人去排隊，眩暈到無法站立，只好緊緊地抓著旁邊的桌子。好不容易到她了，卻因為醫生寫的配藥不清楚，還要跑到十二樓重新確認。她上去又下來的每一步都非常艱難，身體嚴重虛脫，甚至手裡的液體都無法掛到點滴架上。

她沒有告訴父母，畢竟他們年紀都大了。她也不想麻煩朋友，畢竟請假一天就要扣一天的薪水。就連最想告訴的那個人，她也一直隱瞞著。

她說，沒有人陪她的時候，她只能靠自己死撐。沒有人為她遮風擋雨，她也要成為自己的鎧甲。

她還說：「我不知道什麼時候才能熬出頭，可是我堅信一定能。我之所以這麼掙扎，是為了越過這個坎，看看大難不死會有怎樣的後福。」

如果換作別人，或許早就在診斷出癌症的那一刻崩塌了，眼下無望，前途渺茫，哪還會有對抗命運的勇氣？

人生固然殘酷，但依舊充滿著希望。縱然人生殘酷，也要拼盡全力，來一次華麗的逆襲。

04

你見過獨臂年輕人頂著風雪送快遞嗎？

我見過。

單手騎車、單手打包、單手拿快遞，他從飽受質疑，後來成為公司零投訴、零負評的「一把手」。

「別人能做的，我能做，別人不能做的，我照樣能做。」

如今，他在這座城市成了家，日子雖苦，可是也堅實而溫暖。

「命運給你一個較低的起點，是想讓你用你的一生去奮鬥出一個絕地反擊的故事。這個故事關於獨立、關於夢想、關於勇氣、關於堅忍。它不是一個水到渠成的童話，沒有一點人間疾苦。這個故事是，有志者事竟成，破釜沉舟，百二秦關終屬楚。這個故事是，上天不負苦心人，臥薪嚐膽，三千越甲可吞吳。」北大才女劉媛媛說的這段話特別振奮人心。

只有承受人生的顛沛流離，才能迎來溫暖明媚的自己。從今往後，風生水起要靠自己，即使一敗塗地也要學會絕地反擊。

命運不公，我們就超越命運，用全部的力氣換取一點點光明。

曾以為走不出的日子，
都成了最美的路過

困難只是人生的過路人，會到來，也會消失，
我們只需做好心理準備，迎接它的到來。

01

村上春樹的《且聽風吟》，有一句話觸動人心：「曾以為走不出的日子，現在都回不去了。」

人的一生，其實就是一場場告別。和家人告別、和老友告別、和愛人告別，也跟過去的自己告別。即便現在很痛苦，該來的離別還是要來，我們要做的，就是讓此時此刻少一些遺憾。

剛畢業那時候，我就認識了辣椒姑娘。那時，她從一所外語學校畢業，在一家外商企業做翻譯。不管是專案翻譯，還是隨行翻譯，她都做得遊刃有餘。

原以為辣椒姑娘會在這個得心應手的崗位做下去，用不了一年半載就會升職加薪，被公司重用。誰料就在幾個月之後，她突然萌生了考研究所的想法。

同事們都說她蠢，頭腦發昏，工作那麼好還考什麼研究所。

是辭職考試還是邊上班邊考試？是報補習班還是全靠自己準備？辭職考試，意味著自己切斷了經濟來源；報補習班，則意味著有可能還要四處借錢，畢竟報補習班的開銷不是一筆小數目。

思考了許久，她還是選擇辭職，決定背水一戰。

回憶起考研究所，她有些感慨地說：「原本電腦、咖啡、冷氣，沒事還能和朋友閒聊的時光突然就沒了，重新回到學生行列，每天都有背不完的單字、記不完的概念和看不完的題目。最恐懼的，就是一想到自己放棄了那麼多最後名落孫山，為此，我常常半夜突然哭醒。」

考研究所本來就不容易，她的壓力比一般學生還要大，常常因為熬夜大把大把地掉頭髮，因為飲食不規律得了胃病，甚至到了厭食的程度。

遺憾的是，她的英語還是沒及格。她就像一個經歷了一場大型選秀比賽的歌手，為成名投注了太多的籌碼，為提名付出了太多的努力，卻沒有一個導師願意接納她。

都說上天不負苦心人，自己的努力卻沒有得到應有的回報。那段時間，她頗受打擊，把自己關在租房裡，不吃不喝，誰叫都不開門。家裡人都嚇壞了，連忙從老家趕過來，勸說了好久，她才走出了租房。看著她紅腫的眼睛，滿臉的淚痕，所有人都為之心疼。

慶幸的是，她最終還是坦然接受了這一切。

後來，她又重新上班，去了比之前更好的企業。所有的知識並沒有白學，都化作了她工作時的自信心。

兩個月前，我從辣椒姑娘的網路訊息裡得知，她被公司選中，隨大家一起去國外學習，這無形之中預告著她將是公司重點培養的員工之一。

當我再次提起那次考研究所落榜時，她有了新的感慨：「沒有什麼是過不去的，起初你以為自己會就此一蹶不振，會一敗塗地，而後你試著拍了拍身上的灰塵，抖擻抖擻精神，卻發現有一道光始終在你的前面。所以啊，哪有什麼永遠的失敗啊，只要你還有跑下去的決心。」

辣椒姑娘的話，讓我想起了莫泊桑的一段格言：「**生活不可能像你想像的那麼好，但也不會像你想像的那麼糟。我覺得人的脆弱和堅強都超乎自己的想像。有時，我可能脆弱得一句話就淚流滿面；有時，也發現自己咬著牙走了很長的路。**」

為了那個曾讓你半夜哭醒的夢，你也走了很遠的路吧？

02

說起我自己，我曾在一家大型的廣告公司上班，從開始的拉贊助、訂場地、策劃方案、採購，到設計邀請函、寫主持人串詞、邀請媒體、安排聯訪，再到搭建會場、安排會場音樂、攝影、速記、跟進現場流程，最終盯著撤展、發稿、落地回收，連續好幾個月，都是我一個人操持發佈會。

從發佈會開始的前一個月，我就處於高度緊張的狀態，神經一直緊繃著，不敢有任何懈怠。

一個專業技能扎實的老員工都不一定可以完成的任務量，我硬是一手攬了過來，並樂此不疲。

有一個要好的朋友看到我在朋友圈發了一張加班到凌晨的照片，問我為什麼這麼拼，我非常中肯地回覆道：「我們都已經長大，總要擔負起一個家庭的責任。一想到媽媽粗糙的雙手、佝僂的背影，還有爸爸霜白的頭髮和日漸嚴重的關節炎，我就寢食難安。即使天塌了，我也不能倒下，家人還需要我，我要挺下去，為家人扛起一片天。」

我們為什麼要咬牙堅持？那是因為，我們的背後還有父母渴望的眼神。

03

初中的一個暑假，父親突然暈倒，我和母親幾乎是一路哭著把父親送進了醫院。好在，父親只是低血糖，最後病情得以控制。

這一次有驚無險，讓我成熟了不少，我覺得自己要為家庭分一點重擔。

朋友長青有將近一年的時間都處於抑鬱中，甚至不止一次地想過輕生。「我受夠了」四個字，是那時她常常掛在嘴邊的一句話。

剛認識長青的時候，她可是大家的開心果啊。有她在，就不怕冷場，一個笑話就可以讓人笑得前俯後仰。

可是如今，她無數次爬到樓頂，不斷地問自己：「是跳下去，還是活下去？」跳下去似乎解脫了，留給家人的，卻是無盡的悲痛。活下去似乎看不到希望，卻還是想看看走出抑鬱之後，到底會不會有所改變。

於是，長青又一次次走下樓頂，就像一切都沒有發生過一樣。

對於大部分人來說，在那段走不出的日子裡，也就是咬牙死撐吧。走下去的話，還有無數個可能，如果放棄的話，就什麼都沒有了。

後來，她愛上了寫作，記錄下所有令自己開心的事情，把所有痛苦當作一種命運的玩笑。就像美國專欄作家珍妮·勞森那樣，把生活裡的樂趣，用一種幽默而真誠的方式講述出來，一切都在慢慢變好。

受夠了，不能再比現在更難過了，那就咧嘴笑笑吧。

04

《奇葩說》第四季最後一期，羅振宇提到了「成長」這一話題，大意就是每個人都會在成長過程中遭遇困境，甚至整個人被擊得粉碎。

有的人，把原來討厭的東西扔掉，選擇原地自我重建。而有的人，撿起那些把我們擊碎的東西，選擇放回自己的身體裡重建。

所謂「成長」，往往是第二種。

所以啊，比起堅持，放棄永遠是最簡單的事情。

既然在平坦的道路上飛奔過，就不要在坎坷的途中抱怨太多。我們難免會被擊碎，可是只要願意接納所有的不幸，終究會站起來。

布羅茨基在《悲傷與理智》中說：「嘗試去擁抱苦悶和痛苦，或是被苦悶和痛苦所擁抱。毫無疑問，你們在擁抱時會感到胸悶，但你們要竭盡所能地堅持，一次比一次持久。你們要永遠記住，這個世界上的任何一次擁抱都將以鬆手告終。」

黑的夜啊，熬著熬著就亮了。有些路啊，走著走著就走出來了。

05

曾有個朋友向我傾訴：「現在太窮太苦了，不知道什麼時候才能熬過去。」

我安慰她說：「要珍惜現在又窮又苦的時光啊，或許以後不窮不苦了，再也沒有機會體會到現在的心境了。」

此時此刻，就是獨一無二的存在，不管是欣喜還是傷悲。要珍惜當下，或許某一年某一天，你再想體會現在的心境，都不會再有。

不盡如人意，並不是一件壞事。

看吶，曾以為走不出的那些日子，現在都回不去了。

珍妮・勞森在《瘋狂的快樂著：我那甜蜜、黑色又脫序的歡樂人生》裡說：

「更光明的日子正要到來，更清晰的未來正要出現，而你也會在那裡。」**要相信，所有的苦最終都會滲出甘甜，所有的風雨都會變成碧海藍天。**

真正的長大，是將哭聲調成靜音

為什麼「放棄」兩個字有十五個筆劃，而「堅持」有十六個呢？那是因為，堅持比放棄多一點，一切就會變得不一樣。

01

一次閒聊，我問同事娜姐：「一個人是從什麼時候開始，才發現自己已經長大了的？」

娜姐思考了幾秒，回答道：「就在即使受了委屈也會不露聲色，再難過也會保持笑容的那一刻。」

原來，我們都已經長大，不再是因為有家人庇護而毫無顧忌的孩子了。

那一天，娜姐和我說起她的過去。畢業那年，娜姐在一家公司做文案策劃。因為她有相關工作經驗，再加上她為人低調和不錯的人緣，公司上下都很看好她。

某天下班，娜姐和閨密一起逛街，卻發現男友劈腿了。

說到這，娜姐沉默了好久，我試探性地問：「那後來呢？」

娜姐半晌才開口：「後來，我找他理論，再後來我們分手了。為了陪他，我辭掉了在杭州的工作，真沒想到，人心變得太快了……」

娜姐強忍住淚水，接著說：「就在那個晚上，老闆再一次打來電話讓我去加班，我告訴自己，一定要控制好情緒，不許再哭，可是就在我整個人昏天黑地的時候，家裡又打來電話，說我爸突然摔倒，被醫院診斷為腦血栓。那種感覺，真的是對這個世界沒有眷戀了，我趴在桌子上嚎啕大哭……」

工作上的巨大壓力、家人的安危、破碎的戀情，都像大山一樣壓得她喘不過氣。她除了哭，真不知道該怎麼面對這一切。

家人勸娜姐不要回來，在公司好好工作，可她整天在淚水裡度過。後來，公司特地為她安排了休假，卻遲遲不讓她上班，最後工作也不了了之了。

從那以後，娜姐再也沒有在人前哭過。即使忍不住，也會跑到一個無人的角落大哭一場。哭完了，就擦乾眼淚，洗把臉，不讓任何人察覺到自己的淚痕。

娜姐說：「這些年，我們都在不露聲色的同時長大了。即使天崩地裂，我們也要在人群之中做一個超人。」

02

悟空問答裡有一個熱門話題：明明過得不好，卻要騙父母過得很好是一種什麼樣的體驗？

其中有一個回答讓人淚目：

「我在二零一零年患了腎病綜合症，因為這個病，媽媽一夜之間頭髮掉光了。這個病非常纏人，最有效的治療方法就是吃激素。激素的副作用很大，尤其是生育方面，只要代謝不出去就生不了孩子。

「從二零一零年到現在，我的病情復發了三次，每次都是我自己住院，自己照顧自己，不敢跟父母說，就是怕他們擔心。趕上晚上，回家跟爸媽視訊，就說最近工作很忙，也總加班，而實際上是每天奔波在家和醫院之間。

「二零一四年元旦病情復發的時候，正巧我媽媽從農村來我這裡待著。每天我都要裝作去上班，然後去圖書館坐一天，下班時間再回來，我怕我不上班她會發覺我的病復發了，就這麼瞞著她。」

03

無獨有偶，還有一個引人共鳴的回答是：「我是懷孕的時候失業的，那個時候不想讓爸媽操心，就一直騙他們我還在上班。

「為了讓他們相信我還在上班，我每天都按照上下班的時間出門，然後就到附近的商場去坐著，這樣的情況一直持續到孩子十個月，我找到了新的工作，才敢告訴爸媽，也只是告訴他們我換了一份更好的工作。」

為了不讓父母擔心，長大後，我們都變成了一個愛說謊話的孩子。

以前，我們總愛在父母面前說自己沒錢了，而如今我們長大了，卻總說自己還有錢。以前，我們總愛買東西價格往高了報，而如今我們長大了，為父母買再貴的東西也總說花不了多少錢。以前，我們受了欺負總愛躲在父母懷裡，而如今我們長大了，受再大的委屈和責難，也只會默默承受，還假裝輕鬆地在父母面前保持笑容。

這就是長大，一個把哭聲調成靜音的過程。

04

在二零一八年坎城廣告節上，泰國勵志短片《Tiny Doll》榮獲健康獅金獎。《Tiny Doll》講述了一個嬌小柔弱的女孩，常常被同學們欺凌，最後戰勝自卑，摘取MMA桂冠的故事。

種種欺凌沒有讓她一蹶不振，而是漸漸激發了她的鬥志：「我意識到我並沒有那麼脆弱，我可以變得更強。」

後來，女孩用綜合格鬥來保護自己不受欺負，同時讓自己變得更加堅強。在這條無比殘酷，甚至有些殘忍的道路上，她見過太多的強者，也漸漸戰勝了內心的恐懼：「儘管我覺得累，但我還是始終堅持著，如果想成為冠軍，就必須為之奮鬥。」

片子的最後，已是MMA冠軍的她，從鏡子裡看到了當時受盡欺凌的自己。最大的敵人是誰呢？原來，是那個曾經不夠堅強，一受委屈就哭的自己啊。

小時候，我們愛哭也愛笑，甚至要在公眾面前展露自己的情緒，唯恐別人不知道。長大後，我們開始變得不露聲色，把所有的情緒都隱藏在別人看不到的地方，然後一個人默默地扛下這一切。

太宰治在《人間失格》裡說過：「在所謂的人世間摸爬滾打至今，我唯一願意視為真理的就只有這一句話：**一切都會過去的**。」

為什麼「放棄」兩個字有十五個筆劃，而「堅持」有十六個呢？

那是因為，**堅持比放棄多一點，一切就會變得不一樣。**

你還年輕，不要輕易向這個世界投降

我們還年輕，不要輕易向這個世界投降。即使生活給了我們一地雞毛，我們也要把它紮成漂亮的雞毛撢子。

01

好朋友明月曾跟我說起她北漂時的故事。

剛滿十八歲的時候，她就來到了北京，因為沒有學歷，再加上沒有一技之長，找工作吃了不少的苦頭。

沒有去處，她只好在一家服裝店當了銷售員。老闆看她初來乍到，一副不諳世事的樣子，一個月只願意支付她九千塊錢，可是她還是答應了。

把卡裡的錢全都取出來，交完三個月的房租，口袋裡只剩下兩千五百塊錢。於是，她靠著僅剩的兩千五百塊錢艱難度日。白天勤勤懇懇地上班，下班後還忙著整理店鋪、打掃清潔，甚至還給老闆一家做飯洗衣服。

這樣付出並沒有讓老闆產生半點憐憫，相反，到了發薪水的時候，老闆還故意減扣她的工資，說她話語說得不夠標準，不懂得取悅顧客。

她一氣之下，就離開了那家服裝店。

她心有不甘，難道沒有文憑，就無法在這個城市立足嗎？家人怕她吃苦受累，苦口婆心地勸她回家工作，她說自己已經找到工作了，而且過得還不錯。可是只有她自己知道，為了填飽肚子，她都快要筋疲力盡了。

沒過多久，她再次踏上了求職的道路。第一次被通知去面試，她滿心歡喜，還背了不少面試時的常用話語，可是還是被淘汰了。沒有文憑、沒有經驗，接二連三的閉門羹讓她一次次淚崩。

有一次，她蹲在路邊痛哭，淚水就像開了閘的洪水，讓所有路人都看傻了。一個外賣的年輕人走到她的身邊，拍了拍她的肩膀，從裝餐的食品袋裡抽出一張紙巾遞給她：「別哭了，沒有什麼是過不去的，一切都會好起來的。」

她緩緩地抬起頭看著他，只見他皮膚被曬得黝黑，臉上的汗水都沒時間擦，正滿臉善意地看著她。

那一刻，原本已經有些絕望的心，瞬間又重新燃起了鬥志。是啊，這世上有誰的生活是一帆風順、一勞永逸的呢？有的人拼盡全力，換來的不過是一個普通人的一生。可這世界也並沒有想像中的那麼絕情，只要不放棄希望，一點一點地努力爭取，總有一道曙光會照亮前方。

明月覺得自己一下子就想通了，明明她還那麼年輕，幹嘛急著向這個世界投降？

02

回望過去，我也有過漂泊的經歷。

有一年冬天，我在一個朋友的推薦下，去了內蒙古赤峰市，在當地一家非常有名的影視公司做文案。

在一個陌生的城市生活，一切都是新鮮的。我開始習慣那裡的飲食和文化，還交了不少當地的朋友。

原以為我會一直工作到寒假，再滿心歡喜地買上一大包特產回家過年。不料，就在工作的第三個星期，我就被公司辭退了。

被辭退，其實事出有因。專門負責公司網站的一個實習女生比較馬虎，在上傳活動新聞的時候，不是把人名打錯了，就是把圖片和人名搞混了，於是，公司常常接到投訴電話。

沒過多久，公司就召開了緊急會議，進行新一輪的整頓和裁員，這其中就包括剛上班不久，還沒來得及展示能力的我。即使，我當時很想留下來。

從滿心歡喜地上班，到萬分不捨地離開，那種感覺，就仿佛從雲端跌入了谷底。

我從員工宿舍裡搬了出來，臨走時還拍了幾張照片，強忍著淚水不要流下來。一直以來，我都是一個特別懷舊的人，雖然在那裡待的時間並不長，可是在那裡，我看過最美的雪景，和同事一起吃過最好吃的火鍋。

同事一邊幫我拎行李，一邊不停地安慰我，我只有故作堅強地保持著微笑，眼淚卻在眼眶裡打著轉。回想那一年，我經歷過太多的突如其來。臨近年關，我的去處又沒了著落。

打開手機通訊錄，我打給了遠在四川的木槿姐。

木槿姐是一家圖書公司的主編，我常常找她傾訴。

打電話時，我還是忍不住哭了。她一邊聽著我的傾訴，一邊想辦法幫我渡過難關。

思索良久，我決定留在赤峰。白天寫稿投給一些平臺，晚上幫木槿姐管理他們公司的自媒體。

投稿有時會被看中，賺一些或多或少的稿酬。有時石沉大海，連個水花都沒有。管理官方帳號的報酬不多，我卻很欣慰。

我這人比較倔，不管多難，都不想依靠家人，只想靠自己的努力去生存。

我從超市買了兩箱泡麵，卻一直捨不得吃。我把每包泡麵都掰成兩份，早飯捨不得吃，中午和晚上各吃半包，調味料只放一部分，剩餘的泡水當湯喝。

後來，我寫的文章被不少平台看中，一些大平台也陸續向我邀稿。因為對自媒體有了一定的營運經驗，我又從網上接了幾個官方帳號，簡陋的出租房一下子變成了一個工作室。雖然從始至終，只有我一個人。

我想起法國思想家狄德羅曾經說過這麼一句話：「忍受孤寂，或許比忍受貧困需要更大的毅力。」

一語中的。

那個冬天，我把這種忍受變成了享受，而且在我最落魄的時刻，實現了突圍。

我們還年輕，不要輕易向這個世界投降。即使生活給了我們一地雞毛，我們也要把它紮成漂亮的雞毛撣子。

03

張佳瑋在《關於這個世界，你不快樂什麼》中寫道：「每個優秀的人，都有一段沉默的時光。那一段時光，是付出了很多努力，忍受孤獨和寂寞，不抱怨不訴苦，日後說起時，連自己都能被感動的日子。」

或許，你的生活充滿著各種不如意，被漠視、被拒絕、被欺騙、被拋棄，彷徨掙扎中，你也曾想過放棄，想過認命，可是那是每個人都要經歷的苦難啊，誰不曾在深夜痛苦地買醉，誰不曾在人群裡強顏歡笑，誰又不曾在陰暗的角落裡抱緊自己，誰又不曾在無奈的現實面前痛哭流涕？

好在，有志者，事竟成，破釜沉舟，百二秦關終屬楚。好在，苦心人，天不負，臥薪嚐膽，三千越甲可吞吳。

有一個玩了七年滑板的朋友，對我說過一段耐人尋味的話：「每一個玩滑板的人都摔過吧，在沒有人的地方摔倒了，爬起來揉一揉繼續滑，在人多的地方摔倒了丟人嗎？丟人，但是無所謂啊，因為這就是滑板啊。人生不也一樣嗎？壓力總是時時刻刻地伴隨著你，就好像某件事情你沒有做好，沒有關係啊，吸取經驗，不過是從頭再來。」

這個世界從來都不會辜負每一個努力的人，在勝利沒有降臨之前，請不要輕易向這個世界投降。

張愛玲曾說過：「在人生的路上，有一條路每個人都非走不可，那就是年輕時候的彎路。不跌倒，不碰壁，不碰個頭破血流，怎能煉出鋼筋鐵骨，怎能長大呢？」

是啊，我們總會在跌跌撞撞中長大。**在困厄潦倒之際，千萬不要輸掉自己，振作起來比一切都強。**

再撐一撐，如此而已

仔細想來，工作和愛情也有相同之處啊，當你苦苦尋覓的時候，它似乎有意躲開你的懷抱，而當你靜下心來，沉澱自己，那人卻在燈火闌珊處翹首以盼。

01

有的朋友，雖然好久沒有聊天，但只要一句「在嗎」就會立馬出現。

豔偉就是其中之一。

幾個月前，我和豔偉計畫去喜馬拉雅那端的尼泊爾協助教學，簽證都已經辦好，可是還是沒能如願。

豔偉接了一個「大活動」——擔任起了手機支付平台旗下一款新產品的區域主管。當我得知這個好消息的時候，慶賀之餘還有種莫名的感傷。

看著她朋友圈裡辦團聚、吃大餐，飛來飛去，以及一邊工作一邊旅行的照片，我除了羨慕，無以言表。

人和人之間總有一種說不清道不明的隔閡或距離，我暫且稱之為差距。在所有朋友當中，豔偉是我見過最敢拼、敢闖的女生，從記者到企劃一路走來，不說有多麼大的成績，卻過得相當充實。

突然有一天，她字字鏗鏘地對我說：「新陽，我決定以後要當一個商人了，而且再也不要為別人打工了。」我的心為之一緊，半天都沒有說出一句話。

我是個不善言辭的人，話在心裡，有的很快就消化了，有的卻堵在了心口，似乎永遠都沉不下去。

或許，像我這樣的人都比較多愁善感吧。我在南方的一座小城繼續苦熬，而她已在北方擁有了屬於自己的事業。在我的心底，仿佛能看到兩條曲線，一條疾速上升，一條迅速下滑。相比於豔偉，我只屬於後面這一條。

不過幾個月的時間，豔偉註冊了自己的公司，創建了一個擁有好幾十人的團隊。在他們勢如破竹的攻勢下，好幾個城市都被他們插上了勝利的紅旗。

豔偉常問我最近在忙什麼，我在對話框裡打了又打，刪了又刪，最後還是用一個微笑的表情加一句半開玩笑的「沒忙什麼啊，跟以前一樣囉」來回覆她。不知從什麼時候開始，我變得沉默，不再嬉笑怒罵，不再一有情緒就找人宣洩，我把所有的思緒都小心翼翼地遮掩起來，生怕讓任何人察覺。

那種感覺，無疑是孤獨的。與這個世界格格不入，也無法說服自己合群，忙的時候只想以最快的速度完成，空下來的時候多半留給了發呆。我說不出這是平淡期還是瓶頸期，只是覺得，除了寫作時，其他時間都有些黯然失色。

對自己越是不滿，對外界的種種越是渴望。這或許也是不夠合拍的戀人，總是拿別的戀人來對比的緣由吧。

就在前不久的一個晚上，我從豔偉的朋友圈裡看到了她從樓上摔倒的消息，我的心為之一緊。勞累過度、壓力太大，再加上作息不規律，她有了低血糖的跡象。

所有的畫面都在一瞬間浮現。為了更快的發展，她要帶團隊，跑市場，一人身兼多職。為了節省時間，不是在路上解決午飯，就是餓肚子。踩著高跟鞋一忙就是一天，忙完之後已是深夜，累到倒在床上馬上睡去。

還記得豔偉跟我說過，有一天下午要主持，上午太忙，只有犧牲中午時間來化妝，化妝的姐姐看她可憐，一邊幫她化妝一邊把從家裡帶來的餅乾給她吃。那一刻，她真的很想哭。有人問她，幹嘛把自己搞那麼累？曠職兩天，公司又不會倒閉。大吃一頓，又不會馬上長幾斤肉。她只是淡淡地說，我還在起步階段，根本就沒有任性的資本。

原來，光鮮亮麗的背後，是堅持和苦熬。想要更大的成就，就要付出比別人更多的努力。

別無他法。

有時候感覺快要崩潰，快要撐不下去，那是因為你沒有多走一步。

02

好友蘇曼剛來到蘇州那時候，在網上投了履歷，也跑了不少人力公司，卻一直沒有遇到合適的工作。

眼看身上的錢就要花完了，蘇曼從網上看到了一條消息：招聘電話銷售員，一天工作八小時，薪資保障底薪七百五。

蘇曼眼前一亮，第一時間報了名。對方很快就通知她來公司面試。

讓人沒想到的是，她花了將近一個小時轉公車，才來到公司樓下，卻只花了十分鐘就匆匆地離開了。她的確找到了那家公司，遠遠地就聽到一屋子人都在打電話，嘈雜之間還摻雜著無望和無奈的歎息。難道自己要天天守在這裡打電話嗎？難道要被人罵得狗血淋頭還要硬著頭皮推銷嗎？如果不是自己喜歡的工作，薪資再高，也是一種折磨。

再過一條街就是地鐵站，短短幾百米的距離，被無限地拉長。走在路上，她心疼轉公車花掉的十塊錢。

要應徵下一個服裝模特兒的工作嗎？工資雖然也高，可是她心裡有數，有些工作並不能一廂情願。

我和蘇曼也是在一次商場活動時認識的，那時她還是商場招聘的兼職人員。後來，在我的引薦下，她在我一個朋友的公司裡謀得了人事助理的職位。

驀然回首，所有的等待都是值得的，那些獨自一人走過的黑夜也是你日後最值得拿來津津樂道的故事。

仔細想來，工作和愛情也有相同之處啊，當你苦苦尋覓的時候，它似乎有意躲開你的懷抱，而當你靜下心來，沉澱自己，那人卻在燈火闌珊處翹首以盼。

它總會來，你要努力，也要試著去等待。

PART
3

想要存在感，就要把自己活成爆款

如果對喜歡的事情，沒有辦法放棄，那就要更努力地讓別人看到自己的存在。

世界無趣，你要活得有趣

我們都希望擁有好看的皮囊，兼有有趣的靈魂，如果兩者不可兼得，那請你一定要有一個有趣的靈魂。

01

英國著名藝術家奧斯卡・王爾德說：「這個世界上好看的臉蛋太多，而有趣的靈魂太少。」愈加匆忙的腳步中，日漸麻木的靈魂裡，「如何活得有趣」這一話題似乎成了永恆的主題。

那麼，問題來了，什麼樣的人生才算有趣呢？

在我看來，「有趣」一詞，意味著一個人對個性和異己的尊重，意味著對世間萬物的包容，並在尊重和包容的基礎上發掘對事情新的看法和態度。總的來說，「有趣」在於「新」，而不是一味地抱守世俗和陳舊。

一個浮誇的男人走進一家酒店，衣著奢侈，出行轎跑，走到哪都在張揚和炫耀。而一個真正有趣的男人，會懂得如何耐心養一盆花，養活一條魚，煮上一碗粥，為家人帶來快樂和笑容。

有趣，遠勝於一切浮誇。

網路上有一個很紅的話題：「如何做一個有趣的人？」其中獲讚最多的答主是一個在歐洲遊學的學生。

她說，這兩年在歐洲，遇到了太多有趣的靈魂。

她認識一個英國朋友，不遠萬里地跑到亞洲，撕掉了護照並花完了所有的路費，之後幾年便不停地被一個國家遣送到另一個國家。為什麼呢？因為當員警發現他，問他從哪裡來時，他會說出一個自己從未到過的國家，接著就是被遣送，這簡直就是一次次免費的跨國旅行。

她還認識一個朋友，父親是考古學家，所以他的童年，少則幾個月多則一兩年就會搬去另一個國家。於是，他在很小的時候，就遊遍了五大洲。他的童年回憶就是不停地和別人告別，留下的照片和視訊，足夠他回味一輩子。

其實，更吸引我的，是答主的自身經歷。比如說，她曾在挪威北部的小島滑雪橇，因為哈士奇過於活躍，好幾次翻車險些喪命。她曾經在哥本哈根跨年的晚上，和各個國家的人在馬路邊喝得微醉，看著煙火，擁抱每一個路過的人並說新年快樂。她曾在梵蒂岡的西斯汀教堂，仰頭看著米開朗基羅的壁畫——《最後的審判》、《創造亞當》，然後第一次被藝術感動，眼淚嘩啦啦地往下流。她曾經為了看北極光，和朋友爬到一個雪山的山頂，等待了幾個小時，差點把自己凍僵。

想一想，既可以朝九晚五，又可以浪跡天涯，不也是我們夢寐以求的生活嗎？

這個世界總會有人過著我們想要的生活，如果人生真的不能從頭再來，有多少人會選擇為自己而活？

在這個世界上，絕大多數人都在日復一日、年復一年地重複著平淡無奇、波瀾不驚的生活，最大的原因就在於他們安於現狀，始終沒有嘗試的勇氣。

既然輸不起，當然也得不到。

02

王小波曾說過：「一輩子很長，要找個有趣的人在一起。」有趣的人不一定讀過萬卷書，但他的內心一定是豐盈的。有趣的人不一定行過萬里路，但他的腳步一定從未止步。

有趣的人，會像太陽一樣，驅散著陰霾，傳遞著快樂。這個社會，最缺乏的往往不是表面的浮華，而是內心的深蘊。

網劇《餘罪》裡有一句經典臺詞：「我餘罪缺什麼，都不缺從頭再來的勇氣。」毋庸置疑的是，餘罪是一個有痞氣的員警。可是就是這樣一個有趣的靈魂，到哪都可以一呼百應，到哪都會有人覺得，這人的確正義感爆棚。

近幾年網上流行一句話：「好看的皮囊千篇一律，有趣的靈魂萬里挑一。」皮囊固然重要，可是靈魂一旦有趣起來，遠比空無一物的皮囊要珍貴得多。

我們都希望擁有好看的皮囊，兼有有趣的靈魂，如果兩者不可兼得，那請你一定要有一個有趣的靈魂。

03

前不久，我再次觀看了《美麗人生》，這部拍攝於上個世紀九零年代，至今仍然好評如潮的電影，除了對戰爭的控訴，更引人注目的，是它蘊含的哲學深意。

由羅貝托·貝尼尼飾演的猶太青年基多，對美麗的女教師朵拉一見鍾情。於是，一句「早安，公主！」成了基多最常說起的口頭語。

有趣的人總會發現世間的美好。基多會把任何事情看作天賜，對任何事情充滿熱情，對所有人報以微笑，對所有欣賞者表示敬意。

可是好景不長，法西斯政權下，基多和他的兒子被強行送往猶太人集中營。已成基多妻子的朵拉雖沒有猶太血統卻毅然同行，與丈夫兒子分開關押在一個集中營裡。

最讓人動容的情景莫過於此。

聰明樂觀的基多哄騙兒子這只是一場遊戲，遊戲的獎品是一輛大坦克。有一次，兒子好奇地問他，為什麼商店門口寫著「猶太人與狗不得入內？」基多回答道：「也許因為他們不喜歡猶太人和狗，就像我不喜歡野蠻人，我們明天就在我們小書店窗戶上寫『野蠻人與蜘蛛不得入內』，因為你討厭蜘蛛。」

雖然條件異常艱苦，基多仍然不忘給周圍的人帶來快樂，還趁機在納粹的廣播裡問候妻子：「早安，公主！」

有一篇影評引起無數人共鳴：「就算在最艱難最黑暗的日子裡，就算了無希望，死亡近在眼前，他依然深愛著並用生命與智慧保護著他的妻子與兒子。他的勇氣與智慧，即使在戰爭的硝煙彌漫中，即使在集中營的暗無天日中，即使在最後槍聲響起死亡來臨的那一刻，依然閃現著耀眼奪目的光芒。」

也許，這就是有趣的靈魂之於黑暗，之於絕境，之於命運最好的禮讚。

04

至今，我還能夠回憶起剛上大學那時候被學生會面試的情形。

面試前，我和其他同學一樣忐忑，都在琢磨著面試可能提到的問題。我把所有可能遇到的提問一一列舉，並把答案熟記於心，以為這樣就可以滴水不漏。

可是讓我始料未及的是，當我戰戰兢兢地走上講臺，首先被問到的問題竟然是：「如果你加入這個組織後，發現一切並不是你想的那樣有趣，一切都比較繁瑣，甚至有些無聊透頂，那你會不會後悔？」

話音剛落，我就說出了一個讓大家眼前一亮的答案：「我覺得沒有什麼是無聊的，只要你願意讓一切變得更有趣。」

後來，我順利地加入了學生會，認識了不少志趣相投的朋友，策劃了不少有意義的活動，也獲得了不少榮譽。事實證明，想要變得有趣，可發揮的空間遠遠地超過了我的想像。

關鍵在於，你是否願意去改變。

百無聊賴的人總覺得時間無處消磨，有趣的人總覺得一天二十四小時不夠用。

這或許就是靈魂是否有趣的差異吧。

精神上的無處可棲，才是最可怕的魔怔。這種魔怔，會麻痹我們的鬥志、吞噬我們的想像力，滋生出一種叫作得過且過的東西。

人生本是一場充滿新奇的旅途，本就沒有那麼多無聊的時日可以去虛度啊。

所以呢，閱盡世界萬種風情，別活得無聊透頂。

活得精緻的人，都有隨時歸零的能力

那些折磨你的，往往不是某個人某件事，而是你自己的內心。學會和自己和解的人，懂得隨時歸零的人，往往活得都比較精緻。

01

在所有同事當中，我最欽佩的就是娜姐。

娜姐談過好幾次無疾而終的戀愛，也遭遇過不少人生的起起落落，可是我從未見過她有不開心的時刻。

娜姐和我們一樣，從懵懵懂懂的校園裡走出來，求職時四處碰壁，接連好幾個月都在變換著工作，好不容易找到一家願意接納她的公司，卻因為小人排擠離開了。

獨自一人在城市裡生存已是不易，還要省吃儉用為家裡排憂解難，應付各種突如其來的遭遇。

想要順風順水，還真不是隨口一說。

有一次，我負責收集一些回饋資訊，其他人的都收集好了，就差娜姐一個人的了。

當我問起娜姐的時候，她說：「我之前還真有不少回饋資訊，除了建議，更多的是投訴。為了方便整理，我還列成了表格，可是後來都被我刪掉了。」

我問她為什麼，她說了一段耐人尋味的話：「那些看起來並不讓人愉快的東西，我不會保留太久。捨棄一些東西，才會裝進新的東西，要是一直念著過去不放，反而會步履維艱。」

娜姐的話，讓我想起朋友圈瘋傳的一句碎碎念：「人的心靈就像一個容器，時間長了裡面難免會有沉渣，隔斷時間刷新自己一次，才會讓自己更幸福。」

當初的不愉快，沒有必要留到現在，就像曾經買過的假貨，受過的騙，被拒絕的瞬間，如今看來，都不值得留戀了。日子一天一天地過去，我們總要學會隨時歸零，輕裝上陣。

接受某些事的過往雲煙，看淡某些人的漸行漸遠，才可以活得精緻。

02

有一次，我深夜加班，電腦突然當機了。

那是我和另一個同事向南共同策劃的文案，要趕在第二天早上遞交上去。

我看了看錶，已是晚上十一點，加班那麼久，眼看就要完成了，電腦卻在關鍵時刻突然當機。向南見了，忍不住在一旁捶胸頓足。

當機還能怎麼辦呢？捶胸頓足也沒用，要想完成任務，唯一的途徑就是從頭再來。

我一邊安慰著向南不要激動，一邊重啟電腦，順著思路把原來用到的資料再搜集出來。

因為有過前車之鑑，我每做一步就保存一次，因為這是第二遍，速度比之前快，效果也比之前更好了。

那晚，我和向南都沒有回家，趕在破曉之前，終於把策劃案整理了出來。

向南問我為什麼會那麼淡定，那麼能沉得住氣，我說：「當機的那一刻，我就決定睡在公司了。因為我知道，再怎麼抱怨都沒有用，總不能因為電腦當機就辭職不幹了吧，我們總要習慣隨時歸零，從頭再來。」

飽受二十七年監獄之苦的黑人領袖曼德拉，在刑滿釋放、就任南非總統之前，有一句至理名言：「若不能把悲痛與怨恨留在身後，那麼我其實仍在獄中。」

或許，隨時歸零的能力，才是成就偉業的第一步。

有人說，任何的限制都是從自己內心開始的。對此，我深表贊同。

那些折磨你的，往往不是某個人某件事，而是你自己的內心。**學會和自己和解的人，懂得隨時歸零的人，往往活得都比較精緻。**

變成更好的自己，再去遇見更好的人

我們不需要把大把的時間拿來幻想未來應當如何，而應該把所有的等待都用來武裝自己。只是為了當有一天遇見對的那個人時，能夠理直氣壯地說：「我知道你很好，但是我也不差。」

01

認識一個姑娘，和男友有過六年的戀愛長跑，最終還是分手了。眼看就要結婚了，為什麼會分手？原因是兩人長期分處異地，年齡又相差六歲，雙方家庭都比較反對，逐漸矛盾不可調和，架越吵越多，終於回不到甜蜜的從前了。

男友不辭而別的那個晚上，她還沒來得及見他最後一面。等她察覺出來的時候，整個人瞬間崩潰。說不哭是騙人的，她整整一夜都沒有合眼。

那些天，我真擔心她會出什麼事，一空下來就打電話給她。說實話，我恨不得放下手邊的一切去找她。

從一開始打她手機是關機，到打過去響鈴，再到她能夠開心地和我聊上幾十分鐘，這整個過程不超過半個月。

聽著電話那邊銀鈴般的笑聲，我的心才慢慢放下。她的笑聲似乎在告訴我，如今回到了一個人，她照樣可以過得很好。

後來有一次，我無意間提起了這件傷心事：「六年，談了整整六年啊，最終還是沒能在一起。」

她聳了聳肩，撇了撇嘴，一副無關痛癢的樣子：「講真的，剛分手的那段時間，我真的好痛苦，感覺天都快塌下來了，吃不下飯、睡不著覺，滿腦子都是他的影子，感覺自己像行屍走肉一樣，我的魂被他一併帶走了。」

我笑嘻嘻地說：「那你是怎麼把『魂』找回來的？」

說到這，她的眼睛眯成了一條線：「我依然沒變啊，堅強如我，在消沉了兩個星期之後，我發現自己沒有想像中的那麼脆弱。我開始跑步、健身、護膚，吃好、穿好，努力工作，加油學習。我願意把更多的時間用在孝敬父母上，與更多良師益友交往，只有變成更好的自己，才有可能再去遇見更好的人呀。」

如今，她真的把自己活成了一支隊伍的模樣。

是誰妄下定義，「單身」一定是貶義呢？單身明明是一個人最佳的升值期。單身讓自己看清自己，變得更愛自己，從而變得更加充實。此後，再遇到白馬王子的時候，能夠以最好的姿態好好愛一次。

單身的你啊，大可不必煩惱，要相信那個更好的他（她），一定在未來等著你。而如今，讓自己變得更加優秀，才是最重要的事情。

02

大攀是我的大學室友，畢業後，進了北京的一家軟體公司。

因為長得比較胖，大攀往往是不起眼的那一個。好在工作上有兩把刷子，才漸漸在公司裡站穩了腳跟。

大攀說，上班不久，他就喜歡上了同部門的一個女生，卻始終沒有勇氣去表白。那女生是南方人，個子不高，卻長得十分水靈，再加上多才多藝，追求者自然不在少數。大攀並沒有在意那麼多，覺得只要默默付出，總有一天，那女生會被他的真心所打動。

為了獲得那女生的芳心，大攀早起為她買早飯，午後為她買甜點，下雨為她打傘，一有空就找她聊天。

萬萬沒有想到的是，大攀的願望還是落空了。從始至終，那女生都沒有和大攀戀愛的意願。在她眼裡，大攀不過是一個再普通不過的朋友，從未有過一點點的喜歡。後來無意中從那女生的閨密那裡得知，那女生之所以沒看上大攀，還是跟大攀肥胖的體型有關。

從那以後，大攀就開始了一條減肥之路。

天還沒亮，大攀就早早地起床，連續跑上半小時，直到大汗淋漓。為了減肥，大攀開始節食，比之前少吃了好多。從未進過健身房的他，一次辦了兩年期的會員卡，發誓要跟一身的贅肉作鬥爭。

看著他在朋友圈裡自律且熱氣騰騰的模樣，不少人和我一樣為之振奮，因為他開始了一條魔鬼般的瘦身之路。

大攀說過的一句話讓我印象深刻：「在遇到真愛之前，不妨讓自己變成與真愛相匹配的模樣。」

大攀的努力，不是為了證明給別人看，而是為了遇到更好的自己。

可可·香奈兒說：「與其在意別人的背棄和不善，不如經營自己的尊嚴和美好。」想想看，愛情有什麼公平可言？不過是努力過後的旗鼓相當和勢均力敵，而那些尊嚴和美好，都是要靠自己的努力去爭取的。

03

《海上鋼琴師》的導演吉賽貝・托納多雷說過：「如果一塊錶走得不準，那它走的每一秒都是錯的。但如果錶停了，那它起碼每天有兩次是對的。」

其實，感情裡更需要的，是看清方向。遇到喜歡的人，相比於一味地攀附和哀求，最應該去做的，是把自己打造成更好的人。

有一個旅行過六十多個國家的培訓師女孩，說過這樣一段話：「談戀愛是先和自己談，把自己談高興了才能和別人談。在準備把自己交出去之前，先想想單身時的日子，護膚、化妝、健身、美食、學習、旅行，享受生活，這才是一個女孩正確的生活方式，而不是當一個男人出現之後，就立馬圍著他轉。」

還有一個業內有名的服裝設計師Linda說：「我們這個年代不缺愛情，但缺乏對愛情的耐心。其實那個人，真的晚一點出現更好。你能看清他，也能看清你自己。等到那時或許你會發現，愛情在女人的世界裡，只是一個選項而已。

「無論是愛情，還是社會身份，都請多一點耐心，讓它們晚一點找到你，因為你首先要找到自己。」

是啊，愛情總會來，更重要的是找到自己，才能成全自己。不必再為過去的背叛和傷害耿耿於懷，或許就在不久的將來，在你遇到真愛之時，你會感謝那年那人的不嫁或不娶之恩。

我很喜歡這樣一段話：**「我不知道接下來還會遇見怎樣的人，但我可以肯定的是，無論對方是怎樣的人，他同樣也渴望著我優秀、從容、美好。所以我不需要把大把的時間拿來幻想未來應當如何，而應該把所有的等待都用來武裝自己。只是為了當有一天遇見你時，能夠理直氣壯地說：『我知道你很好，但是我也不差。』」**

一切，都只為活出一個更好的自己。

比起歲月靜好，我更喜歡你野心勃勃的模樣

從來就沒有平白無故的成功與榮耀。比起歲月靜好，我更喜歡自己野心勃勃的模樣。

01

記得小時候玩過一款飛機遊戲，按照遊戲規則，飛機要不斷殲滅敵機才有機會獲得武器裝備，當殲滅的敵機足夠多時，才能獲得必殺技——為自己裝上防彈裝置，並在瞬間發射導彈，把敵機全部殲滅。

一開始，我總會在前三關丟掉所有性命，也常常抱怨自己的「水準」不到位，羞於向夥伴們展示。

後來，這款飛機遊戲又出了無敵版，讓我眼前一亮。有了無敵版，我覺得就可以所向披靡，在夥伴面前「炫耀」自己的水準了。

可是事實上，當我可以無限地使用必殺技，隨時給自己裝上防彈裝備，使自己不受絲毫傷害的時候，那種拼命閃躲、奮力拼殺、頑強抵抗的勁頭也消磨殆盡。

漸漸地，我開始覺得索然無味。

在此之前，小夥伴還會用欽佩的眼神看著我。而如今，再也沒有人願意看我超水平般的秒闖全關了。

最後，我還是卸載了無敵版，享受那種在槍林彈雨中求生存，在強大敵軍面前衝鋒陷陣，在攢足能量之後大殺四方的感覺。

有時，我們把自己放在舒適區裡，以為這樣就可以躲避風雨，可是舒適區看似安全，實際上卻是危機四伏。

畢竟，原地踏步的人，不僅僅會覺得索然無味，更是會付出代價的。

有人說，人生要麼是一場大膽的冒險，要麼只是夢一場。我深以為然。

從長遠來看，躲避危險和完全暴露一樣不安全。大膽地去冒險，你可能會失敗，但如果只站在原地，不進行任何冒險的嘗試，你有可能會更失敗。

反觀生活，它遠比遊戲要艱難得多。越不肯出去冒險，當危機真正來臨的時候，失敗的風險也就越高。認真走好每一步，最終結果也不會太差。

以攻為守，才是最有效的防禦。

02

不知道從什麼時候開始，身邊誕生了一群「佛系青年」。

「算了吧」、「無所謂」、「都可以」、「隨你便」，與其說是知足常樂，更不如說是逆來順受。

這一類人，或許有遠見，有理想，有抱負，有千萬種聽起來熱血沸騰的想法，卻遲遲不肯行動。

因為害怕犯錯，害怕失敗，害怕不完美，所以，固守安全區，不願走出來，最後變成一種循環往復。

相比於什麼都沒做，更遺憾的，莫過於明明有機會抓住，卻因為猶豫和拖延而與機會擦肩而過。

把歲月靜好掛在嘴邊的人，快讓他「原地爆炸」吧。

03

出版第一本書之後，有不少讀者給我發來私訊。其中，有一個女生對我說，大學還沒畢業，家人就給她找了一個安穩輕鬆的工作，但這樣的安穩不是她想要的，在這個公司根本得不到鍛煉和成長。看完我的書之後，她決定辭職，去更遠的城市看看，到更大的公司去磨練。哪怕窮困，哪怕落魄，也比當下的環境獲得更多。

我支持她的想法，畢竟我們還年輕，要活，就要活出一個野心勃勃的自己。

夜深人靜的時候，總有一盞燈陪伴著我。為了寫作，我常常打字到凌晨。因為記錄某個轉瞬即逝的靈感，我常常半夜爬起來。當別人看到我的文章連連點頭時，只有我自己知道為此付出了多少努力。

城市入睡的時候，我還常常忙著應酬，桌上的幾個人已經昏昏迷迷，可是我還是要陪著喝酒。家裡的孩子已經入睡，遲遲等我一起看一下電視也沒等到。在別的同事眼裡，我家庭美滿、事業有成，一定靠著某種關係和利益，而只有我自己記得，陪酒陪到很晚，甚至吐完之後被送進醫院的難堪。

都說活著是為了生活，生活是為了更好地活著。我沒有理由鬆懈，也沒有時間抱怨，我只有不斷地奔跑，生活才不至於捉襟見肘。

04

一個高中同學，高考失利，在北方一個小城市裡讀大專，又因為不是自己喜歡的專業，大專前兩年都是在遊戲裡度過的。

就在升入大三的那一年，看著同窗們都在為升學，為實習忙碌起來，他瞬間被捲入了一場沒有硝煙的競爭裡：「我將要去哪裡，將要靠什麼養活自己？」一夜之間，所有問題都浮上檯面。

痛定思痛，他決定卸載遊戲，準備升學考試。

為了專心複習，他在校外租了一個小房子，拒絕了所有社交，把自己反鎖在小房子裡備考。早上七點起床，簡單地吃點麥片就開始學習。中午要麼吃泡麵，要麼就叫外賣，從不出去。到了晚上，他有時會熬到夜裡兩點。就這樣，他持續了大半年近乎魔鬼式的訓練。

夏天的時候容易流汗，長時間坐著，他的臀部長了類似痱子的東西，奇癢無比。到了冬天，他的手被凍傷，滿手的凍瘡和裂痕，可是他依然咬牙堅持。

後來，他考上了北京的一所院校，又在兩年後申請到了英國的留學機會，如今又在學校的安排下前往澳大利亞當交換生。

從前覺得遙不可及的夢想，如今都慢慢變成了現實。

有一次，我問他，「僅僅幾年，為什麼你會有翻天覆地的變化？」他說：「我只是不想看到自己五年、十年之後還是老樣子。我知道，我的起點並不高，可是並不代表我就沒有反轉超越的機會，我就是要證明自己不是一個Loser，我要讓所有人看到我野心勃勃的樣子。」

為了證明自己，賭上整個青春又何妨？那些深夜裡充滿精力，鬥志昂揚，早上四五點就被夢想叫醒的日子，才是最珍貴的回憶。

05

青春就是用來揮霍的？

漂亮話誰不會說啊。

在這個社會，歲月靜好幾乎是一種迷信。然而，大多數的歲月靜好，其實都是用汗水和淚水澆灌出來的。

這世界如同一片海洋，在滿是鯊魚的環境裡生存下來，那就要拼了命地去游，遠離所有看似安全的舒適區。

電影《我是路人甲》裡，最讓我記憶猶新的一個片段，是王昭飾演的路人甲，總是仗著自己長得帥，天天夢想自己成為超越古天樂的大明星，可他一到劇組忙碌時就躲在沒人的角落裡睡覺，因此他錯失了去北京訓練的機會。當他被覃培軍一掃帚驚醒的時候，發現劇組早已收工，就連他最好的兩個朋友也棄他而去。

兩個朋友大聲地向他喊道：「茅盾說：『我從來不夢想，我只是在努力認識現實。』戲劇家洪深說：『我的夢想是明年吃苦的能力比今年更強。』魯迅說：『人生最大的痛苦是夢醒了無路可走。』蘇格拉底說：『人類的幸福和歡樂在於奮鬥，而最有價值的是為了理想而奮鬥。』」那一刻，王昭慚愧不已。

自身條件再好，可是若當別人想拉你一把，也不知道你的手在哪裡的時候，又何談能夠成功？想到這，王昭重新燃起了對夢想的渴望，努力去追那輛飛馳的三輪車。

長相不夠出眾甚至有些醜陋，卻一直拼了命地努力的覃培軍，在戲中說過這樣一句臺詞：「人長得不夠帥，就要把戲演好。書讀得不夠多，就要把事做好。」

這句話不僅是鼓舞自己，同樣是激勵別人。

剛來北京的時候，我搬進了地下室，之前住在這裡的女孩，在牆上貼了一張紙條。紙條上寫著：「**從來就沒有平白無故的成功與榮耀。比起歲月靜好，我更喜歡自己野心勃勃的模樣。」**

這句話，也送給每一個逆風飛翔中的你我他。

真正努力的人，哪有時間去仇視人生

抱怨有什麼用呢，與這個世界為敵又有什麼用呢？最明智的選擇，就是留著所有力氣變美好，義無反顧地走下去。

01

有人說，拋開天賦和機遇，傑出和平庸之間最大的區別，就在於一個只爭朝夕，一個駐足於過去。對此，我深信不疑。

一個真正努力的人，又怎會對過去的遭遇耿耿於懷？

網上曾有這麼一個有趣的新聞：二零一七，表情包貼圖盛產的一年，你們騎著皮皮蝦還沒走遠，後面「記仇」的小本子已經可以圍繞地球好幾圈了。看著越來越長的小本子，上面滿是記仇的話語，真讓人哭笑不得。

玩笑歸玩笑，一笑了之後，也請你繼續前行。

02

正所謂，明槍易躲，暗箭難防。

職場裡，總有一些「小人」，在你完全不知情的情況下，傳盡了風涼話，詆毀著你所有的付出和努力。

那些鄙劣小人搬弄出的是非，可以用惡毒來形容。也許只有在你毒發之際，才會覺察出那些詆毀有多傷人。

剛畢業那時候，我曾在一家公司從事銷售工作，工作上吃苦拼命，業績上也遙遙領先。

升職是每個職場人的願望，我也不例外。就在入職後的半年左右，部門經理告訴我，這一次的業績考核，我很有可能脫穎而出，被派到新公司當經理。

令人氣憤的是，我的競爭對手為了爭奪職位，竟然在背後搞起了小動作。

原來，他的一個親戚和主管是中學同學，於是，他通過這一層關係，讓主管破格提拔了他。

於是，原本讓我信心滿滿，志在必得的升職機會，就這樣被人剝奪了。

朋友以為我會難過，特意打電話過來，沒想到我竟然正和幾個朋友一起在唱歌吃大餐。

當朋友提起工作上的事情時，我風輕雲淡地說：「是我的，誰也奪不走，不是我的，再強求也沒用，接下來我要做的，是努力來證明我自己。」

沒有金剛鑽的人，就難攬瓷器活。事實證明，新上任的經理缺少實操經驗，一味地給員工施加壓力，導致整個運轉一團糟，讓所有員工怨聲載道。

又一次業績考核，我用實力碾壓了對手，在眾望所歸下奪回了屬於自己的職位。

其實，最好的「報復」就是不報復。與其義憤填膺地立即回擊，不如在一番努力以後，用實力來證明自己。

這次完勝，我又一次想起了偶像演員和實力演員之間的博弈。

雖然偶像演員可以迅速走紅，可是大多只是曇花一現。相比之下，實力演員則走得更遠，熬過一段寂靜落寞的時光，遲到的掌聲將經久不息。

埋頭苦幹，才會有出路。

03

影視劇裡常有這樣一個橋段：相愛已久的戀人，到了談婚論嫁的時候，偏偏受到了家人的反對。那個為愛負傷的人，往往是男方。

為什麼呢？女方家人給出的理由很簡單，就是覺得男方家境貧寒，不願看到自己的女兒跟著男方一起吃苦。

饒雪漫在《左耳》裡說：「對一個男人來說，最無能為力的事兒，就是在最沒有物質能力的年紀遇見了最想照顧一生的姑娘。」這是大多數男人都要邁過的一道坎。

一邊是家人，一邊是男友，女方的內心也會陷入掙扎。這時，是妥協家人，還是選擇男友？按照劇情的發展，女方大多提出了分手。

同樣，男方也被推到了十字路口。是得不到，報復女方，還是放手一搏，追回女方？

毋庸置疑，後者更能打動觀眾的心。

抱怨有什麼用呢，與這個世界為敵又有什麼用呢？最明智的選擇，就是留著所有力氣變美好，義無反顧地走下去。

04

第八十二屆奧斯卡頒獎典禮上，有兩部電影都獲得了九項提名，分別是凱薩琳・畢格羅執導的《危機倒數》和詹姆斯・卡麥隆執導的《阿凡達》。

非常巧合的是，凱薩琳・畢格羅和詹姆斯・卡麥隆曾是一對夫妻，雖然兩人只短暫地度過了兩年。

獎項公佈之後，《危機倒數》的導演凱薩琳・畢格羅摘取了最佳導演獎，成為了奧斯卡有史以來第一位最佳女導演。

這為娛樂記者提供了不少噱頭，典禮結束後，鋪天蓋地的新聞發表出來。新聞的主題出奇地一致，說的都是凱薩琳・畢格羅如何不忘屈辱，痛定思痛，最終報了當年金球獎落選給前夫詹姆斯・卡麥隆的一箭之仇。

理性的讀者，自然會辨別出這些新聞只是空穴來風。

一個只想把工作做好，不為過去所羈絆的人，又怎會有「一箭之仇」這一說？真正努力的人，哪有時間去報復啊！

凱薩琳・畢格羅之所以摘取桂冠，一定付出了比所有競爭對手都要多的努力，包括她的前夫詹姆斯・卡麥隆。

與其沉溺於過去的得失，不如給將來一個機會，用努力去證明這一切。
願你有持之以恆的魄力，更有從頭再來的勇氣。

格局大的人，越活越敞亮

為人最難的是糊塗，最怕的是計較。凡事都要斤斤計較，還有什麼快樂可言呢？

01

不久前，走到社區公共停車場的時候，看到有兩個女人爭吵了起來。原因很簡單，甲方和乙方同時發現了停車位，甲方準備倒車入庫，卻沒有乙方倒車的速度快，還沒等甲方緩過神來，乙方就迅速地搶佔了車位。

兩人的聲音越來越大，圍觀的人越來越多。

兩個女人都不甘示弱，叫來了朋友和家人，沒有任何一方願意讓步。眼看一場衝突不可避免，幸好員警及時趕到，控制了局面。

和我同行的李姐看到這一場景，連連搖頭，說：「不過是因為一個車位，有必要這樣大動干戈嗎？」

我說：「這還真不是一個車位的問題，而是雙方的一點小口角都被圍觀的人推到了風口浪尖，再加上沒有任何一方願意退讓，一旦情緒失控，後果真不堪設想。」

沒有格局的人，到哪都心生怨念，哪怕只是一件不起眼的小事。

從出生那天起，我就跟著家人在外漂泊，常住在外來人口居多的舊社區。因為租客魚龍混雜，社區也缺乏管理，鄰里之間的矛盾和衝突也時有發生。

我也曾親眼看見慘劇的上演，雙方滿身是血，都被送往了醫院。妻子的嚎啕，孩子的痛哭讓人揪心，我呆呆地站在那裡，嚇得瑟瑟發抖。

後來才知道，雙方不過是因為孩子之間有了爭奪才大打出手。孩子之間的爭奪又算得了什麼呢？即使哭了，哭完了還是好朋友。可是有些護子心切的大人卻不這麼想，吵了幾句就再也收不回來了。

沒有格局的人，實在是太可怕了。

當晚，我一臉驚恐地告訴了母親，母親說了這麼一段話：「以後一定要懂得善良和寬容，格局大的人才不會釀成慘劇，千萬不要因為一時衝動毀了自己的一生。」

為人最難的是糊塗，最怕的是較真。凡事都要斤斤計較，還有什麼快樂可言呢？

02

曾有一段時間，公司業務突然增多，於是中午的時候，我常常點外賣。跟其他人不同的是，每次都快一點了，我的外賣才姍姍來遲。

大家都很好奇，紛紛問我：「為什麼你點的外賣每次都送那麼晚，飯菜都涼了怎麼吃？碰到這種黑心店家，幹嘛不投訴？」

我放下餐盒，道出了秘密：「你們不知道，這是我點餐時自己設定的時間，每次我還會備註一條資訊：『中午點餐高峰，老闆您店裡忙，我的不用著急的。』」我一邊打開餐盒，一邊接著說，「出來打拼都不容易，包容最重要。」

記得一個大雨天，外賣送餐員為我送餐時意外摔倒，衣服上全是污水，車子被撞到變形，不得不送到維修店維修。當外賣送餐員把外賣送到我的手上時，已經超出送餐時間一個多小時了。

我沒有絲毫責怪的意思，只因為我深知他們的不容易。

一個真正寬容、重視格局的人，不會因為生活裡的一點不如意而大發雷霆。相反，他會懂得生活的疾苦，用真誠換取一顆真心。

每次我打開餐盒，都會看到餐館老闆加送的雞蛋和雞腿，有時還會收到老闆女兒畫的蠟筆畫。孩子心靈手巧，畫出草房、花朵和太陽。看著五顏六色的蠟筆畫，我的一整天都是好心情。

凡事不必太計較，善意自然會換來友誼和快樂。

03

有一期《吐槽大會》，很多觀眾都被王嶽倫圈了粉。

主持人張紹剛在介紹嘉賓的時候，把王嶽倫放在了最後：「王嶽倫，內地導演，代表作……」說到這，張紹剛故作冥思狀，台下有觀眾大聲喊：「《爸爸去哪兒》！」臺上還有嘉賓附和道：「Angela（王嶽倫的女兒王詩齡）！」

所有人都笑出了聲，王嶽倫也忍不住笑了。

當嘉賓王建國吐槽的時候，王嶽倫「吃軟飯」似乎總是那個繞不過去的坎：「王嶽倫平時都是跟著太太和女兒一起出來，第一次出來上節目，很驚訝，應該是經濟遇到了問題。什麼問題呢？大概就是老婆和女兒給的零用錢都花光了。」

王嶽倫絲毫沒有生氣，跟著大家一起哈哈大笑。

對於「吃軟飯」這一說法，李誕又接著吐槽：「王嶽倫的父親是一位知名畫家，人家用得著吃軟飯嗎？人家是啃老。」不僅如此，李誕還吐槽了王嶽倫的電影：「每年王詩齡過生日，王嶽倫他爸都會給孫女送一幅畫。將來王詩齡也有了孩子，你說你當爺爺的，你送孩子什麼呢？每年生日給孩子拍部電影，那孩子在學校多抬不起頭來，小朋友見了都會起哄：『完囉，你爺爺又拍電影囉。』」

王嶽倫笑得前俯後仰。

網友們紛紛讚賞，王導的格局真大啊，面對這樣犀利不留情面的吐槽，竟然一點尷尬都沒有，甚至笑聲蓋過了所有嘉賓和觀眾。

輪到王嶽倫吐槽別人的時候，他花了很長時間來自嘲自己：「我王嶽倫，是可以自力更生的……男人嘛，要以老婆的事業為重。」

這樣大度又幽默的男人，想不被他圈粉都很難。

在張靚穎是主角的那一期，張紹剛吐槽陶晶瑩曾被人戲稱為青蛙，陶晶瑩沒有表現出任何的尷尬。相反，她也不卑不亢地調侃張紹剛是小豬佩奇。

聽完她的吐槽，觀眾們無不大呼過癮，即使被「攻擊」了長相，還可以這樣自如自若的人，格局真讓人欽佩。

我始終相信，**快樂不是得到的多，而是計較的少**。看開一點，看淡一點，凡事會心一笑，你就會發現快樂真的會如期而至。

04

馮侖說：「偉大都是熬出來的。」

也許，平庸和卓越之間最大的區別，就在於能否承受委屈和詆毀。沒有人可以依靠，那就要做自己的太陽，讓所有壞情緒通通蒸發，只留下快樂的種子生根發芽。

見過格局大的人輕易掉眼淚嗎？恐怕沒有吧。

因為他們明白：**受得了多大的委屈，做得了多大的事；受得了多大的詆毀，就能承得住多大的讚美。**

人若沒有高度，看到的都是煩惱。

人若沒有格局，看到的都是雞毛蒜皮。

人生沒有白走的路，每一步都有它的意義。我們走到今天，早該拔掉了身上的刺，再也不是那個一不開心就大吵大鬧，爭論不休的傻孩子，而應該喜怒不形於色，用更廣闊的胸襟包容這一切。

這樣的我們，才不至於在跌落谷底的瞬間，立刻被生活擊倒。

再難的生活，也有人將疾苦熬成了詩句

在這個眾生紛紜的世界，不管有多少顛沛流離，有多少水深火熱，依然有人把疾苦的人生熬成了詩。執著、倔強是他們永恆的標籤，因為熱愛這個世界，所以永遠都不會妥協。

01

一次採購，我認識了一個喜歡寫詩的貨車司機。

司機姓胡，老家在陝西，家裡有兩個女兒，大女兒已經成家，小女兒還在念大學。

那個時候正值高溫，再加上胡師傅的貨車裡沒有冷氣和風扇，沒過一會兒，我就渾身是汗。

一行有一行的難處，貨車運輸也不例外。為了養活一家老小，要忍受著高溫，在公路上馳騁，舟車勞頓不說，忙的時候連飯都沒時間吃。

離公司還有兩公里的樣子，胡師傅突然減緩了車速，轉過頭問我：「我可不可以停在路邊？」

我愣住，問他為什麼，他擦了擦額頭上的汗水，一臉樸實地對我說：「我突然來了靈感，記性不太好，想拿本子記下來。」

原來，胡師傅喜歡寫詩，厚厚的本子裡滿是他的筆跡。當我誇讚他是詩人的時候，他連連搖手，說：「詩人這個稱謂我可不敢當。說實在的，小時候家裡窮，還沒上完小學家裡就不讓上了，我一直對古詩詞很感興趣，靈感來了就拿本子寫寫自娛自樂，也算是彌補了小時候的遺憾。」

就在那一瞬間，我對他肅然起敬。

作家崔健修說：「**唯有悟透了人生的真諦，方能淡定地將苦難輕輕拂去，方能從容地將簡單的生活打理得那般活色生香。**」

雖然他們有著常人的窘迫、苦惱和無奈，卻無一例外地站在了精神的高地，把世俗的日子過得更有品味，更加優雅。

如胡師傅一樣的人，一定不在少數。

02

二零一七年，一部記錄女詩人余秀華的電影《搖搖晃晃的人間》橫空出世。影片用詩意的語言、多變的視角呈現了這位飽受疾苦，卻依然盎然綻放的大地之花。

這部電影獲得了擁有「紀錄片界奧斯卡」之稱的阿姆斯特丹紀錄片節（IDFA）評委會大獎在內的多個重要獎項。看完這部電影的人，也無不被她的人生經歷所折服。

「我不甘心這樣的命運，也做不到逆來順受。」一九七六年，余秀華出生在湖北一個貧窮的農村。那裡有大片的田野、起伏的麥浪和一望無際的藍天白雲。因為出生時母親難產，所以她天生腦性麻痺。一歲的時候，她還不會坐；兩歲的時候，她依舊坐不穩；直到五歲時她才能坐穩。

在那個落後又封閉的農村，有一種迷信的說法，這輩子身體上的缺陷，是上輩子做了壞事造成的。於是，余秀華一瘸一拐地走路，非常吃力地夾菜，含糊不清地說話，常常引來別人的冷眼和譏笑。

身體已是如此，可是在她的詩中，很少直接觸及殘疾，因為「說出身體殘缺如牙齒說牙痛一樣多餘」，她只將其看作「被鐫刻在瓷瓶上的兩條魚，在狹窄的河道裡，背道而行」。

她說：「當我最初想用文字表達自己的時候，我選擇了詩歌。因為我是腦性麻痺，一個字寫出來也是非常吃力的，它要我用最大的力氣保持身體平衡，並用最大的力氣讓左手壓住右腕，才能把一個字扭扭曲曲地寫出來。而在所有的文體裡，詩歌是字數最少的一個，所以這也是水到渠成的一件事情。」

早在學生時期，余秀華就開始寫詩。

寫詩，打破了她無盡痛苦的困境，拖著她不斷地往前走，不斷地向前爬，使她飽受折磨的生命也有了出奇的轉折。

當她用歪歪扭扭的字體，寫滿一整本日記本的詩，並給喜歡的老師看時，那位老師留言說：「你真是個可愛的女生，生活裡的點點滴滴都變成了詩歌。」

那一刻，她特別的感動。

當然，也有被否定的時候。十九歲那年，一位老師因為認不清她的字，最後給了她零分。

她一氣之下退了學，在親戚朋友的撮合下，嫁給了一個比她大十三歲的男人。

「在你的詩裡，有那麼多的篇章都在寫愛情。」《朗讀者》節目裡，主持人董卿提起她的作品。

「缺什麼補什麼。」她昂著頭說。

那時的她，和丈夫沒有共同語言，更談不上什麼愛情，婚後不久就陷入爭吵和分居的尷尬境地。不久後，丈夫外出打工，她留守在家，每月領著三百元的最低補助金，一邊照顧孩子，一邊幫家裡人做農活。

大部分時間，她都住在一間磚房農舍裡。門口有樹，周圍全是農作物。她用深深淺淺的腳印，走過一條土路，到一個池塘去餵魚。空閒的時候，她還會用一把不太順手的鐮刀割草，餵她的兔子。更多的時間，她會在磚房旁的一張低矮的桌子上，努力控制著顫抖的身體去寫詩。

隨著余秀華的成名和經濟上的獨立，她想通過離婚來結束這段無愛可言的婚姻，並重新掌控自己的命運。離婚後的余秀華並沒有想像中的那樣絕望，她說：「這是我最美好的時光，感覺很好。」她依舊堅持寫詩，寫殘缺的身體，寫她對真愛的渴望。

「詩歌是什麼呢？」她在《月光》的後記中寫道，「我不知道，也說不上來，不過是情緒在跳躍，或沉潛，不過是當心靈發出呼喚的時候，它以赤子的姿勢到來，不過是一個人搖搖晃晃地在搖搖晃晃的人間走動的時候，它充當了一根拐杖。於我而言，只有在寫詩歌的時候，我才是完整的、安靜的、快樂的。」

董卿問她：「願意把這些詩，這些才華，去交換一個正常的身體嗎？」

余秀華說：「這覺得也不好，放眼望去，大街上都是好看的面孔，但是（更重要的是）這些面孔後面，有沒有一個美麗的靈魂。」

03

早在一夜成名之前，余秀華就已經有了一批忠實的觀眾。二零一五年一月十六日，《穿過大半個中國去睡你》在朋友圈被洗版，再加上她患有先天性腦性痲痺，余秀華就像顆深埋地底的炸彈，突然在詩歌界引起轟動。

到了二零一五年二月，她已經出版了兩本詩集《搖搖晃晃的人間》、《月光落在左手上》，後者成為了三十年來國內最暢銷的詩集。就連《紐約時報》都給予她至高無上的評價：「余秀華是一個了不起的人，是二零一七年認識的最強大的中國女性之一。」

法國作家安納托爾・弗朗斯曾說過：「人生的真相是甜美的，恐怖的，有魄力的，奇怪的，痛苦的，然而，這便是人生。」

在這個眾生紛紜的世界，不管有多少顛沛流離，有多少水深火熱，依然有人把疾苦的人生熬成了詩。

執著、倔強是他們永恆的標籤，因為熱愛這個世界，所以永遠都不會妥協。

04

四川某年過六旬的環衛工人，自學吉他三十八年，最後成網紅，被讚是「一名被耽誤的樂手」。

環衛工人名叫陳恒秋，二十四歲就存錢買了人生第一把吉他，如今他依然利用工作之餘堅持練習。

一九八六年，陳恒秋來到了成都，靠給別人擦皮鞋為生。「那時候吃了上頓沒下頓，口袋裡一分也沒有，下一秒來客人了，擦兩雙皮鞋，就可以吃一碗麵了。那時的條件非常艱苦，為了省錢，一瓶礦泉水要喝上好幾天，沒有活幹的時候，甚至還有了撿別人剩飯剩菜的衝動。」

風餐露宿的日子，沒有讓陳恒秋老人就此墮落，反而讓他感受到了無比的快樂。

到了年底，陳恒秋把省吃儉用的四千塊錢交給母親，母親卻怎麼都不要。於是，犯了「琴癮」的陳恒秋有了再買一把琴的想法：「要不再買一把琴，沒客人的時候，還能自己彈著玩玩。」

後來，陳恒秋和另外兩個音樂愛好者一拍即合，在老成都的街頭表演。不管自己換了什麼工作，對音樂的熱情都絲毫不減。

因為對音樂的狂熱，陳老先生竟然感動了一家琴行的老闆：「我們在彈琴，他看到了說能否借一把吉他彈奏一下，然後就認識了。他基本中午都會過來彈奏個四十分鐘左右，他彈奏音樂很狂熱，每個人都有對音樂的不同理解，只要享受其中就好。」

陳恒秋每天早晨六點開始工作，一直到下午六點才下班。除了每天中午去琴行練練琴之外，如果有了興致，還會在下班之後坐在草地上彈唱，引來不少路人駐足圍觀。

我很喜歡《寒蟬鳴泣之時》裡的一句話：「在溫室生長的不知世間疾苦的花朵也同樣很美。但是那些經歷了風雨寒暑在野地裡盛放的花朵，擁有的不僅僅是美麗吧。」

願你做過的美夢都能實現，願你做的每件事都發自內心的喜歡，願你不再辜負自己，永遠活得像孩子一樣快樂而自在。

PART 4

不祝你一帆風順，只願你更加強大

當普魯斯特到了生命的最後時刻，他回首往事，審視從前所有的痛苦時光，他覺得痛苦的日子才是他生命中最好的日子，因為那些日子造就了他，那些開心的年頭呢？全浪費了，什麼都沒學到。

長大這兩個字，孤獨得連偏旁都沒有

沒有人會在意你為什麼快樂，為什麼悲傷，為什麼要那麼努力，為什麼要那麼頹靡慌張。所有的美好都不復存在，所有的孤獨都會席捲而來。我們都是穿梭在宇宙裡一顆獨立的小星星，不運動的時候，四周空無一人。

01

小時候，我最喜歡吃牛奶糖和乾脆麵。喜歡那種剝掉糖紙，又白又大的牛奶塊出現在面前，放在嘴裡捨不得咬，又捨不得化的感覺。

那時我們拿著五毛錢，手舞足蹈地去買乾脆麵。把麵塊捏得粉碎，調味包放進去使勁地搖，吃到最終，把僅剩的一點倒在手裡，把多餘的調味料抖掉，覺得抖得差不多了，就一把倒在嘴裡，再把手指舔乾淨。更有趣的是，袋子我們還捨不得扔，往袋子裡倒水，最後喝到滴水不剩。

小時候的我們容易滿足，口袋裡裝著一塊錢就可以快樂一整天，陪伴著我們的，還有家人和夥伴。

如今再去買牛奶糖和乾脆麵，卻很難再有小時候的那般滋味。當我們足夠有錢，可以買上一大包牛奶糖和一整箱乾脆麵時才發現，乾脆麵少了那種滋味，我們吃它更多的時候是為了果腹充饑，牛奶糖也不怎麼甜了，反而甜中生出一種苦澀。

以前，我們哭著哭著就笑了，後來，我們笑著笑著就哭了。原來，長大後的時光，真的一點都不甜。

都說越長大越孤單，越長大越不安。
長大之後，懂你的人越來越少，能夠說心裡話的人也越來越少。
沒有人會在意你為什麼快樂，為什麼悲傷，為什麼要那麼努力，為什麼要那麼頹靡慌張。所有的美好都不復存在，所有的孤獨都會席捲而來。
我們都是穿梭在宇宙裡一顆獨立的小星星，不運動的時候，四周空無一人。

02

二零一八年過去了，最後一批九零年後出生的人也成年了。
步入成年人的行列，孤獨也成為了常態。
想起我最孤獨的回憶，是在幾年前乘坐的一班火車上。
除夕夜，我才踏上歸途。整節車廂裡，只有我和四個列車員、兩個列車警察。空氣靜止了一般，寂靜得有些可怕。
當其中一個列車員走到我的跟前，對我說「跟我們一起吃點餃子吧」那一刻，我瞬間淚崩，哭得像一個孩子。

我想，那是屬於我的酸澀回憶，也是屬於無數人共同的回憶。

我常常對身邊人說，成年人不僅有來自四面八方的壓力，更令人煎熬的，或許是來自內心的孤獨。

是啊，我們都曾壯志豪情地要改變這個世界，還想像自己一伸手就可以呼風喚雨，撒豆成兵。到頭來，我們跌了無數個跟頭，吃了無數次苦頭，忍受了無數次孤獨，才跟自己和解。原來，長大，遠比我們想像中的要難得多。

長大後，我們往往要和孤獨不期而遇。一個人夜晚徘徊在路上，在一個人的電影院裡吃爆米花，在一個人的花海裡無人共賞，在一個人的燒烤攤獨自惆悵……

那種孤獨，是常人所無法理解的。正如理解本身，總是那麼孤零。當你下班後，把所有燈和音響都打開，電視裡放著你平日裡最愛看的電視劇，那種孤獨的感覺都如影隨形。

這個世界能永遠陪在你身邊的，只有你自己。多麼殘酷的一句話。

03

記得有一年冬天，要乘火車去外地，沒有座位，就肩背著行李默默地站在走道上。低下頭，看到旁邊蹲著一個衣衫單薄的中年人，用手寫輸入法，在聊天營幕上艱難地寫著幾個歪歪扭扭的大字：「不要擔心我，車裡不冷，很暖和。」

恍惚之間，我有些鼻酸。

我想起第一次來到這座城市時，一個人吃飯，一個人睡覺，一個人坐地鐵，一個人看電影，甚至被冷落，被欺負的時光。

我試著認識更多朋友，參加各種各樣的活動，加入各種各樣的群組，可是到頭來還是無比的孤獨。

我喜歡跑步，以為跑步就可以找到同頻的那些人。一起圍著操場，朝著相同的方向三步一大口地喘著大氣，一起肩並肩地抵達終點，一起躺在足球場上望著藍天。

可是我不得不面對的是，最美好的校園時光已離我遠去。

很多時候，我只是一個人在慢跑。留給我的，是沙石車一過，嗆鼻的灰塵，還有坑窪的馬路濺起的一次次污水。

突然無比深刻地體會到了「花無人戴，酒無人勸，醉也無人管」的滋味。

突然有一天，打開好久沒打開的通訊軟體，卻沒有一個人發來消息。有時候我在想，是大家過於忙碌了嗎？是大家都不用這個工具了嗎？為什麼連生日那天，一個虛擬的，只需要用手點一點的禮物都沒有人送了呢？最讓我心痛的，是我被昔日的好友設置了使用權限，甚至有可能被永遠地刪除了。

最終，我刪掉了所有的聊天紀錄，一切歸零。

一切都變了，一切也都沒了。

日本動漫《夏目友人帳》有一句臺詞：「我必須承認生命中大部分時光是屬於孤獨的，努力成長是在孤獨裡可以進行的最好的遊戲。」

或許，我應該感到慶幸，我開始習慣這種孤獨的狀態，並為此樂此不疲。同時，我開始尋找快樂的理由，相信一切都會朝好的方向發展。

長大，其實就是一瞬間的事。

在陌生的城市裡，一個人面對洶湧的人群，卻顯得手足無措。在一段新的感情裡，遇到了想要照顧一生的人，卻沒能給她想要的生活。在父母最需要陪伴的餘生中，身在異鄉，沒能給他們依靠和溫暖……

《半生緣》裡有句話我印象特別深刻：「中年以後的男人，時常會覺得孤獨，因為他一睜開眼睛，周圍都是要依靠他的人，卻沒有他可以依靠的人。」

上大學時給了爸爸一個線上通訊軟體號碼，他的好友列表裡只有我自己。爸爸拼音不好，不能經常跟我線上聊天，發語音又怕我太忙，耽誤我的時間。

所以他把心思放在了他的通訊軟體簽名上。即便他不上線，我也能知道他最想表達給我的資訊。

我上學期間，爸爸的簽名是：書山有路勤為徑，學海無涯苦作舟。

後來我工作了，爸爸的簽名變成了簡單兩個字：想你。

不知為何，看到「長大」這兩個字，我會忍不住流淚。

一路走來，兒時的玩伴走散了，曾經的知己疏遠了，至親的家人也離別了。我們開始試著接受人心疏離，接受風雨無常，接受突如其來，接受孤獨挫敗。

劉同在《你的孤獨，雖敗猶榮》裡說：「曾經我認為，孤獨就是自己與自己的對話。現在我認為，孤獨就是自己都忘記了與自己對話。曾經我認為，孤獨是世界上只剩自己一個人。現在我認為，孤獨是自己居然就能成一個世界。」

長大會孤獨嗎？會孤獨。

孤獨是折磨嗎？其實，也不盡然。

哪有什麼勝利可言，挺住就意味著一切

幾米在《星空》裡寫道：「有陰影的地方，必定有光。」即使身處低谷，也千萬不要放棄希望。這個世界，總有人在偷偷地愛著我們，也總有人等著我們去愛。人生哪有什麼勝利可言，撐下去才會有後來的一切。所以，不管多苦多難，請你一定要挺住。

01

前不久，我接到了曉旭的電話，電話那端滿是欣喜：「新陽，我馬上要結婚了，你一定要來啊。」

曉旭是我的大學死黨，聽到這個好消息，我打心底為他感到高興。

幾年的時光匆匆而過，真有一種恍如隔世的感覺。

記得畢業那年，曉旭和我一樣，日子非常難熬。外公去世，母親患了腰椎間盤突出，需要大量的醫藥費。好不容易考入了國家電信公司，卻被關係更硬的對手頂掉，換了家公司又被老闆的親信頂掉。花了整整一年去考研究所，最終卻名落孫山。他看著身邊的人無不嘆息疏離，投來冷眼和嘲笑的時候，那種滋味真不好受。

後來，曉旭認識了現在的妻子。為了陪她，曉旭背著行囊去了北京，並在一家小公司裡做起了銷售。

曉旭對我說，那個時候，只有妻子願意陪他聊天。那一句句「早安」、「晚安」更像是一束光，照亮了他整個生活。

讓曉旭意想不到的事情還是發生了。

那家小公司，總是以各種理由拖欠薪資，同事之間的關係也非常緊張。與此同時，遠在江西老家的父母也打來電話，對他們之間的戀情一百個不同意，妻子的前男友還常來騷擾。似乎就是在一夜之間，原本無風無浪的生活又要變得不平靜了。

曉旭比較好勝且倔強，只要是他認定的事，誰也攔不住。這一點，從他上大學時比賽非要拼第一，跑步非要比我們多跑一圈就可見一斑。冥冥之中，我覺得他一定可以衝破現有的枷鎖，就像煮在水裡的咖啡豆那樣，把整個環境都渲染。

許久沒見，再見已是曉旭的婚禮上。望著他和妻子一起走過紅地毯，我的眼淚也在眼眶裡打著轉。

那天，我從外地風塵僕僕地趕來，和曉旭單獨聊了很久：「曉旭，這幾年走來很不容易吧，現在有沒有一種人生贏家的感覺？」

曉旭含淚說：「都說成年人的世界裡沒有『容易』二字，真的一點都不假。我離開了原來的公司，開始創業，擺平了妻子的前男友，又花了好長時間說服了家人。我知道這一切多不容易，還好我沒放棄。所以，哪有什麼贏不贏的，挺住就意味著一切。」

那些在那斯達克敲鐘的榮耀，是用無數個日日夜夜的堅持換來的。

幾米在《星空》裡寫道：「有陰影的地方，必定有光。」即使身處低谷，也千萬不要放棄希望。這個世界，總有人在偷偷地愛著我們，也總有人等著我們去愛。

人生哪有什麼勝利可言，撐下去才會有後來的一切。所以，不管多苦多難，請你一定要挺住。

02

我也曾有過一段極其苦悶的時光。

那時，我辛辛苦苦創辦的廣告公司面臨關門，女朋友因為不夠理解常常鬧著和我分手，親人和朋友都用異樣的眼光看我。我不願與人接觸，不願與人溝通，只喜歡自己一個人待著。我常常一個人躺在床上，望著天花板，對任何事情都索然無味。最要命的是，我覺得自己得了社交恐懼症，不願和別人主動接觸，只想一個人躲在昏暗的房間裡。

我住在城市小村一個即將拆遷的危樓裡，隔壁有個小男孩，六七歲的樣子，非常可愛。一到下午放學，他就靜靜地坐在門口，等著爸爸媽媽回來。

有時我忘了關門，他會悄悄地站在門口朝裡張望。看到我的時候，他會迅速地閃躲到一邊，似乎在和我玩捉迷藏。

孩子永遠是快樂的天使，在他們的世界裡，沒有什麼煩惱，有的只是天真的幻想和對長大的憧憬。

看著他，我彷彿看到了曾經的自己。時光荏苒，那個吃著泡泡糖，追著風箏跑的孩子已經成人了，那個受了委屈依偎在父母懷裡的孩子已經長大了，那個跌倒了可以任性地放聲大哭的孩子也快到而立之年了。

長大，意味著有能力去爭取自己想要的東西，同時也意味著，要把肆無忌憚的哭聲慢慢地調成靜音。那時，我常在深夜裡痛哭，陪伴著我的，只有我的影子。

我嘗試著和小男孩交朋友，在他沒放學之前，在門口放一些餅乾，放一個滑板和一個足球，把所有好玩的、有趣的都拿出來，看著他躡手躡腳地走近，臉上滿是欣喜。

我開始從孤獨中走出來，和他一起玩滑板，追著足球亂踢一通，把廢舊的書本疊成一個個紙飛機。

後來他為我讀《小王子》，雖然語速很慢，可是我還是入了神。我在想，他就是《小王子》裡那朵始終陪伴著我的小玫瑰花，總要問那麼多問題，也喜歡講起今天發生的點點滴滴。

我不得不承認，是這個小男孩治癒了我，是他的笑聲陪我挺過了難關。

我曾幻想有一天，在我流淚時，有人可以用雙臂將我環繞，用肩窩來盛滿我的眼淚。而如今，我已不再需要擁抱和肩膀了，因為我覺得可以站起來了。

那一晚，我在朋友圈裡發了一條碎碎念：「那麼難過，那就去死啊。不能死，就給我好好活著。死都不怕，還怕活著？」這句碎碎念，與其是說給別人聽的，不如說是給我自己聽的。

對啊，死都不怕，還怕活著？

看看這美麗的世界，碧海、藍天，星辰、朝陽，還有更多的美景等著你去發現。遇點挫折又能怎樣？天又不會塌，世界又不會覆滅。打掉牙往肚裡吞又怎樣，挺住就意味著一切。

03

「曾經，我也像你們一樣，坐在電視機前，認認真真地，安安靜靜地，看著她。她眼睛裡綻放的光芒、嘴角洋溢的笑容，那最樸素又最動人的語言，最善良又最充沛的淚水，深深打動了我。我想，這也是留給幾代電視觀眾最美好的記憶。」

這是《朗讀者》節目裡，主持人董卿介紹倪萍的一段話。這個主持了十三年春晚，憑藉《綜藝大觀》家喻戶曉的央視一姐，給觀眾留下了太多難忘的回憶。

可是就在她主持事業一路高歌的一九九九年，她發現自己剛剛出生不久的孩子有了眼疾。

春晚前夕，導演劉鐵民照舊登門拜訪了倪萍，再度邀請她主持春晚，她則因為孩子的問題左右為難。

「觀眾陪我十幾年，我一直像個戰士一樣表現得很好，在戰場上我沒有輸過，我不能因為我個人的事情，讓觀眾發現我臉上有淚痕。」後來，她還是挺了過來。

二零零四年，倪萍離開了央視，當董卿問她是否和孩子有關時，她噙著淚水說：「那時候就要急於賺錢，我們欠了很多錢，差點要賣房子，我哥堅決不讓，就替我向朋友借。我就想自己掙點，我離開了，去拍電影。」

那個時候，她已經帶著孩子去美國求醫了四五年。她回憶到，一到複診的前一晚就夜不能寐。第二天到了醫院，她就那麼緊緊地盯著醫療室，雙腿打著顫，生怕她的孩子有半點閃失。

整整十年，她過得非常艱難，沒想到兒子沒有徹底治好，婚姻也破裂了。

巨大的壓力下，她常常獨自一人坐在沙發上，一根接著一根地抽煙，心中的苦悶無處排解。她也會披著劣質的棉大衣，穿著平底布鞋就上了街。

劉曉慶看不下去，託人告訴她要注重形象，裝扮裝扮再出門，但她充耳不聞。有一次去菜市場買菜，一個賣魚的小販認出了她，抓住她的手，「哇」的一聲哭了出來：「怎麼老成這個樣子了？你是不是過得很不好啊？」

董卿有些動容地說：「那十年，仿佛是一種歷練，或者說上天給你的一種考驗。」接下來倪萍的一席話讓無數觀眾淚崩：「這十年我幾乎沒有把心思放在工作上，全是兒子。偶爾回國內演出賺點錢，因為要交醫療費。但是我很幸福，因為我發現奶奶說的話特別對，你自己不倒，別人推都推不倒，你自己不想站起來，別人扶也扶不起，於是我就堅強地站著。」

二零一四年，倪萍出現在《等著我》的節目現場，再一次拿起了話筒，坐在主持人的位置上。雖然面部有些浮腫鬆弛，容顏也不免黯淡老去，可是她依舊笑得那般燦爛。

自己不倒，別人永遠都推不倒。自己不想站起來，別人扶也扶不起。即使遭遇了大風大浪，也請你一定要挺過去。

04

周國平說的一句話引人深思：「人天生是軟弱的，惟其軟弱而猶能承擔起苦難，才顯出人的尊嚴。」

不是所有的努力都是為了證明自己，有的努力，是為了在身處黑暗時說服自己：「認命不是撂下，而是要咬著牙挺過去。」

劉同的《向著光亮那方》封面上寫著：「抱怨身處黑暗，不如提燈前行。」無論眼前的生活有多麼暗無天日，只要你一直走下去，總會有曙光在遠方出現。

挺住，是不想被生活打敗，是不屈服於命運的安排，有傷時依然昂起頭顱，有淚時依然笑著堅強。

哪有什麼勝利可言呢？挺住就意味著一切。

為了自己，請再挺一挺！

為了夢想，拼盡全力又何妨

只要你肯努力，其餘的就只管交給命運。當明天和意外不知道哪一個先來，那就把握好今天，哪怕是賭上自己的餘生。

01

從《權利的遊戲》正式播出那時起，我就一直追到現在。

在所有角色當中，最令人過目難忘的，恐怕就是那個容貌醜陋，卻謀略超人的小惡魔提利昂．蘭尼斯特。飾演提利昂．蘭尼斯特的，不是別人，正是其貌不揚，身高只有一百三十五公分的彼特．丁拉基。

上個世紀六十年代末，彼特．丁拉基出生於美國新澤西州，母親是一名小學音樂老師，父親是一名保險推銷員。不幸的是，彼特一出生就患有軟骨發育不全症，身高像是被下了魔咒般，定格在一百三十五公分。

這樣的身高，讓他受盡了嘲諷之苦。上了高中的他，愛抽煙，愛穿黑衣服，也愛一個人躲在角落裡獨處。也正是這個時候，彼特愛上了戲劇。

在經歷了創業失敗，劇本也石沉大海之後，二十九歲的他決定放手一搏，隨後進入佛蒙特州的一所大學學習表演，並於一九九一年畢業。

在一次演講中，彼特說：「直到我二十九歲時，我告訴自己，無論接下來會怎麼生活、能不能拿到薪水、會不會居無定所，無論好壞，我將從現在起，做一個演員。」

年近而立，真正的人生之路似乎才剛剛開始。

縱觀他的前半生，有過太多的顛沛流離。如果換作別人，或許從意識到自己缺陷的時候，就已經自暴自棄了。他曾說：「我小時候對身高非常介意，青春期的時候，我經常為此而痛苦、憤怒，無形中把自己封閉起來。但隨著年紀越來越大，你就意識到你得有幽默感。當別人嘲笑你時，你得明白這不是你的問題，是他們的問題。」

為了演到像小魔王提利昂・蘭尼斯特這樣的角色，他從起初的小矮人、小精靈到後來的無戲可接，直至窮困潦倒，居無定所。

為了擺脫「小矮人」的陰影，彼特一度推掉了很多角色，那些角色把矮人作為笑柄和搞笑的工具。「每個矮人演員，都可以為改變這種偏見，貢獻自己的力量，辦法就是對這樣的角色說不。」也正是因為如此，他才有過一段低谷期。

後來在一番思想鬥爭後，彼特開始慢慢釋懷，放下了這份執拗。「因為我的身高，我有著很強的自尊心和戒備心。我覺得娛樂業只看到了我的身高，沒有看到我的才華。於是我就裝作身高對我不重要，並且只出演那些與我的身高沒有任何關係的角色。這顯然限制住了我的事業，看看提利昂，我的身高顯然是我得到這個角色的原因。如果我不是這樣，我也不可能扮演這個角色。」

出演《權利的遊戲》，是彼特．丁拉基的一個重大轉機。憑藉「小惡魔」這個角色，彼特．丁拉基再度蟬聯了「艾美獎」最佳男配角。到第二季《權力的遊戲》開播時，彼特一躍成為這部電視劇的幾大核心主演之一，片酬也隨之水漲船高。

有人說，不甘心的淚水和達成所願的滿足感，交織起來才是整個人生。對此，我深信不疑。

賭上餘生，只為實現中學時期的夢。聽起來或許灑滿熱血，可是實際上，其中的煎熬和痛苦並非所有人都能承受。

成功了，或許會被別人高看一眼。一旦落空，搭上的就是整個人生。

那些誓死要捍衛理想的人不會退縮，因為相比於跌倒、陷泥濘，他們更害怕平淡無奇地過完這一生。

02

如果有人問我，最喜歡哪部音樂電影，我的回答一定是《進擊的鼓手》。這部摘得多項大獎的影片，講述了一個癡迷於音樂的年輕人，一路踉蹌，最終成就傳奇的故事。

主人公奈曼，出身單親家庭，從小就不善言談，對音樂卻十分癡迷。初到音樂學院的奈曼，不過是一隻「菜鳥」，只有調調鼓架、翻翻樂譜的份。

一次排練中，奈曼被「魔鬼導師」佛烈契選中，而後成為他精英樂團的替補鼓手。導師是個偏執狂，不許學員在演奏時出現任何差錯，一旦出錯，就會被他當眾訓斥，甚至被搧耳光。因為水準不夠，奈曼就曾嘗過被搧耳光的滋味，還被導師當眾揭開單親家庭的傷疤。

在後來的一次比賽中，奈曼以出色的表現，贏得了首席鼓手的席位。欣喜之餘，卻還是遭到了家人的漠視和反對。「與其平庸地活到九十歲，我寧願成為結束在三十五歲的傳奇。」奈曼沒有在意家人的看法，並暗自下定了決心。

通往成功的路上哪有一帆風順的啊。

沒過多久，導師又找來了另一個資質不錯的鼓手替換掉了奈曼。奈曼心有不甘，決定要重新奪回首席鼓手的席位。

玉不琢不成器，不瘋魔不成活。

為了更加專注地練習，奈曼跟心愛的女友提出了分手，沒日沒夜地待在樂器室。那時的他有多瘋狂呢？用一句話概括，那就是練到身體虛脫，擊鼓的手流出了鮮血，都不覺得累和疼。

又一次首席鼓手的爭奪比賽，奈曼再一次憑藉自己的實力奪回了首席鼓手的席位。

可是天不遂人願，就在一次重要演出當天，奈曼所坐的公車不幸拋錨，他只好租車前往劇院。當他趕到時，才得知因為自己的遲到，憤怒的導師已經再一次將他的鼓手席位撤換了。奈曼想要和導師爭辯，以挽回這來之不易的機會，可是讓他沒想到的是，他的鼓槌竟然落在了車行。而在他回去找鼓槌的途中，他竟然被卡車撞翻，差點丟了性命。

回到劇院，滿身是血、雙手顫抖的他，已經沒有力氣演出了。他就這樣與一次成名的機會失之交臂，想到以前受到的欺辱，忍無可忍的奈曼和導師大打出手。而這樣做的後果便是，從此之後，奈曼再無演出的機會。

幾年後，奈曼和導師重逢。懷恨在心的導師為了讓奈曼出醜，故意邀請他參加JVC劇院的演出。

JVC劇院是音樂的頂級殿堂，許多大牌都登過這個舞臺。演出時，導師故意將奈曼的鼓譜掉包，沒想到的是，奈曼竟然用獨有的鼓聲改變了整個舞臺的旋律，讓在場的所有樂手都跟著他的鼓聲重新演奏起新的音樂。

觀眾沸騰了，奈曼也一舉成名。

奈曼跌跌撞撞，忍受了一次次痛苦。可是為了圓夢，再累也咬牙堅持，再苦也用盡最後一點力氣。

電影雖然結束，卻拋給人們一個話題：為了圓夢，你願意承受多大的痛苦？

03

勵志影片《你究竟有多想成功》，講了一個發人深省的小故事：有一位年輕人，想賺很多很多的錢，於是向一位大師求教。

大師說：「如果你想成功，明天早上來海灘找我。」

到了第二天，年輕人趕到。大師抓住他的手問：「你對成功有多渴望？」

年輕人毫不猶豫地回答：「非常渴望！」

大師指著大海的方向說：「那你給我下水。」

年輕人有些猶豫，最後還是下了水。

當海水差不多淹到年輕人的腰際時，年輕人心想：「我只想賺錢，大師卻只教我游泳，我可不想成為一個救生員，我只想賺錢啊！」

大師跟在年輕人的後面，看年輕人不停地回頭，喊道：「走遠一些，再走遠一點。」

這時候水差不多已經淹到他的肩膀了，年輕人有些質疑，大師讓我這樣做，不會是個瘋子吧？

大師的聲音不絕於耳：「走遠一點，再走遠一點。」

當水已經快淹沒年輕人的嘴，年輕人的呼吸有些困難了，大師才讓他轉身。

這時大師又問他同樣的問題：「這回請你再告訴我，你對成功有多渴望？」

年輕人伸直了脖子說：「非常渴望！」這時大師把他的頭拼命地往水裡按。就在年輕人快不行的時候，大師才把他拎起來。

大師告訴年輕人：「當你像渴望呼吸一樣渴望成功的時候，你就一定會成功！」

年輕人瞬間醒悟。

有的人，為了成功，可以不顧一切地攀越爬升，只為了爭取一次出人頭地的機會。而有的人，過著得過且過的生活，稍微一努力就覺得拼盡了全力。

那些夢想，如今被擱置在了哪裡？是否被惰性一點點地吞噬，被得過且過一點點地消磨了？

真正的勇者，都會明白，當一個人擁有強烈的渴望時，才有機會擺脫所有的阻力去前進。

只要你肯努力，其餘的就只管交給命運。當明天和意外不知道哪一個先來，那就把握好今天，哪怕是賭上自己的餘生。

孤獨是給予人生最好的禮物

有人說，狂歡是一群人的孤單，孤單是一個人的狂歡。人群散盡的時候，何不享受這份獨處的時光，正視內心的渴望？

01

認識了一個夜間載客的計程車司機。

那個時候，我剛找到一份勉強填飽肚子的工作。為了省掉乘坐地鐵回家的費用和水電費，我多半時間睡在公司。這一次回家，是取一些換洗的衣服。

從閒聊中，我得知司機姓王，山西人，妻子和孩子都在老家，他是自己獨自一人守著一輛車。

在我的想像中，一個夜車司機，最孤獨的時刻，莫過於一個人在昏暗的隧道裡開著車，即使載過上千名乘客，最後也只能一個人對著隧道自言自語。

接客、送客，收錢、找錢，消失在夜色中，這樣的循環往復，王師傅一定很孤獨吧？

當我這樣想，也開口這樣問的時候，王師傅笑了笑，沒有立馬回答，而是跟我講了一個故事。

那天他開了好久都沒有拉到乘客，看著一路上來來往往的車輛呼嘯而過。突然在一個路口，他被旁邊一輛車上的一個小女孩吸引了。他偷偷瞄了一眼，看到小女孩正在和媽媽打鬧，一旁開車的父親笑開了花，後排還坐了兩位慈眉善目的老人，跟著一起哈哈大笑。

王師傅轉過頭，有些動容地說，我常常遇到這樣溫馨的場景，孤獨如影隨形，可他並不難過。

我問他為什麼有這種感受，王師傅呵呵一笑說：「孤獨本來就是生活的常態嘛，學會和自己和諧共處，才是幸福的秘訣。說實話，那一天的場景深深地印在了我的腦海裡，可是它只是幸福的另一種模樣，是人生的另一個階段。如果還沒有來臨，也不要鬱鬱寡歡，我們要做的，是享受現在，享受孤獨。」

聽著王師傅的話，我的心裡湧出了一股暖流，也讓我再一次對孤獨有了更深刻的感悟。

以前我總認為，城市中的萬家燈火，路燈下的形單影隻，給人的印象總是孤獨的。而如今看來，孤獨又何嘗不是一種人群散盡後的堅強和成長。

我們都要善待孤獨，並在孤獨裡汲取成長的養料。就像盧思浩在《孤獨是你的必修課》中所說的那樣：「與你有關的人太多，所以還不如做一個你想要做的人。人生都太短暫，去瘋去愛去孤單一場，真正能平靜自己的只有自己。**人都是孤獨**

的，孤獨不可怕，可怕的是懼怕孤獨。想要摘星星的孩子，孤獨是我們的必修課，我不怕自己努力了不優秀，我只怕比我優秀的人比我更努力。」

02

孤獨到底是什麼呢？

有人說，一個人在操場上吹著風，喝著酒。

有人說，孤獨是意識到對收銀員說的「謝謝」是三天裡第一句和人說的話。

還有人說，孤獨是一個人回家，回到家後，第一件事情是把電視打開，直到睡覺前才關掉。不管看還是不看，都用電視的聲音製造出的熱鬧來掩蓋寂靜的假像。

而我想說的是，孤獨不是「無人與我立黃昏」，也不是「無人問我粥可溫」，而是內心的渴望，像炙陽下的冰塊一點點地融化，最終蒸發不見。

在清晨走出房門的那一刻，沒有人告訴你，今天你會遇到什麼人，誰會出現在你的世界裡。下班回到住處後，也不會有人告訴你，會有什麼人登門拜訪，誰會悄無聲息地佔據你的手機訊息欄，猝不及防地給你一個來電提醒。你唯一可以把握的，是你將用什麼樣的步伐行走，將用怎樣的心情去面對或好或壞的際遇。

人本是自由的，孤獨的人或許更自由吧。

一個人的時光，也是最愜意的時光。

一個人早起、晨跑、晚歸，聽音樂、看電影、去旅行，去培養興趣，哪怕是靜靜地發呆，也總比一群人的喧囂要來得強。

03

電影《哪啊哪啊神去村》裡，主角平野高中畢業，只想靠打工過他的下半輩子。在一次偶然的機會，平野被一張林業宣傳廣告上的美麗女孩所吸引，於是腦瓜一熱，來到一個連手機信號都沒有的偏僻小山村，接受為期一年的林業培訓課程。

平野的所在地叫「神去村」，是一個極其偏遠的小山村。這裡沒有網路，沒有麥當勞和電影院，只有原始野蠻的風土人情和撼人心神的蒼莽森林。

來到「神去村」後，平野常常被水蛭咬，被蛇咬，被伐木工具割傷，被看起來凶巴巴的山野大漢責罵。於是，他三番五次地想要逃跑，卻在回到城市後，發現自己真正愛上了那個曾讓他無比孤獨的小山村。

在那裡，他可以有大把的時間和自己對話，可以像看生活情景劇一樣看著老人，以及大人和小孩們在田野裡嬉鬧。

從當初的逃離，到現在的回歸，平野找回了初心。

有人說，狂歡是一群人的孤單，孤單是一個人的狂歡。人群散盡的時候，何不享受這份獨處的時光，正視內心的渴望？

04

一九八九年，科學界發現，世界上有一隻最孤獨的鯨魚，她叫Alice。因為她的頻率有五十二赫茲，正常鯨的頻率只有十五至二十五赫茲，鯨魚只能靠聲波交流。所以這麼多年來，Alice從沒有一個親屬或朋友，高興或者難過時也無人問津，自己的聲音只有自己去聆聽。

Alice的水下世界，像極了這個奔忙卻又無比孤獨的人類世界。

車水馬龍，四衢八街，一望無盡的背影，我們一次次駐足在人群中，卻又一次次被人群淹沒。

城市的節奏有些快，繁多沉重的工作少不了強顏歡笑。

於是，尋找內心，成了一個永恆的話題。

沒有人記得，我們從什麼時候變成了朋友圈裡的隱形人，一遍遍地刷著朋友圈，不再關注評論和求讚。呈現自己是一件困難的事情，不是因為沒有觀眾，而是因為觀眾太多。隱藏自己，顯然比呈現自己要容易得多，也心安得多。

好久沒有更新的網路資訊，又發來不痛不癢的娛樂報導了，看著那些歇斯底里的評論，我們開始漫不經心地點讚、關注，隨即按下返回鍵。

手機裡的歌曲和照片也好久沒有更新了，不是不想換，而是那些歌陪你早起，陪你晚睡，習慣了而已。

對有些人來說，一個人旅遊，一個人坐車，一個人吃飯，甚至生病了一個人去簽手術同意書，都沒有那麼可怕。相反，把僅有的一點空間拿去和別人分享，才是最要命的。

我們孤獨，卻肆意地活著。我們孤單，內心卻比任何人都要渴望充滿希望。我們成長，我們受傷，我們遺忘，最終，我們也一定會嘴角上揚。

親愛的孤獨患者，祝你一切都好，孤獨的洪流中，我們終究會長大。

不被看好的時候，唯有全力以赴

不服輸的人，願意花時間去實踐，願意用代價去交換，最終，一定會足夠驚豔。所有的閃耀奪目，都絕非偶然。所謂體面的生活，都是建立在痛苦之上的。而不被看好，正是你日後驚豔的起點。

01

在《奇葩說》的舞臺上，最喜歡的選手就是姜思達。這個特立獨行、精靈搞怪，說著暖心故事的大男孩，總會猝不及防地戳中人們的淚點。

記得在第三季第一期，導師挑選手的時候，姜思達是最後一個被挑走的。通過電視畫面，我看到了他不經意間「被遺棄」的沮喪。

為什麼墊底的是我，而不是別人？為什麼別人都被導師瘋搶，自己卻偏偏落了單？

姜思達的落單，讓我想起了我的小時候。因為長得不夠好看，每次班裡排演話劇我都會被安排演一些大灰狼、惡魔、巫師之類的角色。因為長得瘦瘦小小，每次運動會都被老師排除在外。又因為成績不夠好，每次排座位，我都會被排到班級的角落。

也許，上天本來就是不公平的。為了扭轉局面，我們要多比常人付出好多倍努力，才有機會在險象迭生的競爭裡站穩腳跟。

慶幸的是，姜思達沒有放棄，就在第三季，他用不俗的表現證明了自己，以黑馬的姿態給觀眾打了一劑強心針。最驚豔的，是他還挺進了決賽，和大魔王黃執中分庭抗禮。

姜思達之所以這麼努力，是因為他不願意就這麼一直「墊底」下去。在最後一期的採訪中，姜思達吐露：「我一直不想作為一個拖後腿的存在，我不想讓大家覺得，如果把我放在三辯的位置上，大家的信心就會下降。」說時自然平緩，等說完時眼淚已經流了下來。

那種不被看好的滋味，真不好受啊。

後來有一次專訪，記者問他為什麼第三季會那麼驚豔。姜思達的回答是：「太多人跑在前面，等著我去學。肖驍、湉湉、薇薇、如晶。我曾經坐在二排，看他們如何融入氣場，乃至於創造氣場，未曾閉眼。換個人如此有幸被觀眾和節目單位眷顧，從第一季坐到第三季，這種成長幾乎是必然。」

蛻變雖疼，卻確確實實讓人成長。如姜思達，如果你不願再坐在二排，充當一隻默默無聞的醜小鴨，那你就要拼盡全力，在險象迭生中殺出一條血路。

02

在這個世界上，從來就沒有什麼一蹴而就，也從來沒有什麼一步登天。

那些看起來風光耀眼，光鮮奪目的人，也都是在一片噓聲中堅持，在無數困境中崛起的，沒有例外。

NBA著名球星韋德，出生在芝加哥的貧民窟，很小父母就離異了。為了讓他接受更好的教育，姐姐特拉吉爾將他送到了生父那裡。生父和繼母的感情不是很好，無休無止地爭吵，讓年幼的韋德備受創傷。

也就是從那個時候開始，韋德迷戀上了籃球。一到清晨和黃昏，車庫前的水泥地上，就有他和弟弟們打球的身影。韋德還練就了一套變相的上籃絕技，韋德回憶道：「地面很粗糙，摔個跤就破一層皮，但你必須突破，否則就贏不了球。」

後來，韋德進入了高中，加入了學校籃球隊。為了讓他的技術更加全面，韋德的教練為他單獨制定了一個規則——如果是上籃得分，一律不計分。那個時期的韋德，沒有機會參加青年訓練營，也不能像科比和詹姆斯那樣入選「麥當勞全美高中籃球最佳陣容」。在很長一段時間裡，韋德都不被看好，被孤立在外。

後來，在姐姐特拉吉爾、女友及女友家人的幫助下，韋德順利地進入了美國馬奎特大學。可是由於成績欠佳，韋德在球隊中的角色只能是陪練。「我今天在訓練中扮演對方球隊的球星，明天就扮演對方球隊的核心後衛，後天還可能扮演對方的內線球員，大後天還可能當對方的三分投手。」

正是憑藉大學裡陪練時的經驗總結，韋德才有了日後逆襲的轉機。喜歡韋德的球迷都知道，韋德球技非常全面，既可以像艾弗森那樣有點縫隙就能突破，也可以像科比那樣展現一劍封喉的絕殺本領。

在勝利的曙光來臨之前，韋德同樣經歷過黎明前的黑暗。

不被看好的時候，正是一個人逆襲的最佳時機。黑白的人生，總要添上一筆逆襲的驚豔。

03

上大學那時候，一到週六，外文系大樓下就會有「英語角」的活動。「英語角」是我們和英語教師面對面交流的好機會。

因為英語不太好，每次路過，想多看兩眼的時候，都會被同行的朋友勸走：「就我們這水準還想和英語教師聊天？算了吧，只有英語專業的人才有這個水準吧。」

有好幾次，我駐足不前，朋友撇下我離開了。我不服氣，別人越是挖苦我，我越是想要證明自己。

有多少人挖苦我，我早已記不清。我只記得，那一整年的時間裡，我堅持早晨五點起來，背單字、上英語課、報英語班，拿各種英語資料逼自己。直到有一天我可以像英語專業同學那樣，想到什麼，就可以輕輕鬆鬆地表達出來，再也不是那個想要表達卻無法開口的「菜鳥」了。

朋友都說我是一個非常固執的人，我只是會心一笑。那不是固執，分明是執著。

「固執」一點，不是更有拼勁嗎？別人認為我做不到，我就是要試一試，覺得我不起眼，我就逆襲一次給他看。

最終，所有的不被看好，都成了我引以為傲的資本。

04

我曾在朋友圈裡發了一條訊息：「不被看好又有什麼關係呢？不如用實力證明自己，給所有敵人來一次反擊。」

有一個朋友在底下留言：「是啊，比起不被看好和痛哭流涕，我們要來一次驚豔的逆襲。」

簡直不能更贊同。

如果把平庸的人和傑出的人，按比例劃分為八比二，那麼，成為百分之二十中的一員並非易事。可是這並不是判了死刑，也不是註定抹殺了希望。

不被看好，有的人會就此沉淪，更多的人，卻選擇不顧一切地繼續努力，以擺脫命運的桎梏。

不服輸的人，願意花時間去實踐，願意用代價去交換，最終，一定會足夠驚豔。所有的閃耀奪目，都絕非偶然。所謂體面的生活，都是建立在痛苦之上的。

而不被看好，正是你日後驚豔的起點。

別讓遺憾成了你頹廢的藉口

我只想證明自己，別人能做到的，我也能做到。別人或許很厲害，可是我不斷地加籌碼進去，天平不會總是傾斜。

01

奧運冠軍楊威的一段演講曾引發眾人共鳴。

「我沒有想過我會站在這樣一個燈光聚集的舞臺上，就像二十年前，我怎麼也想不到能站在世界競技體操的最高領獎臺。」

一九九六年，楊威入選國家體操隊。他做夢也沒有想到，教練就是當時赫赫有名的金牌總教練黃玉斌。

「你們進了我這個組，就是要爭世界冠軍。我們這個組，就是世界冠軍組。」入隊第一天，黃玉斌的話激起所有隊員的體操夢想。

訓練時，楊威不敢有絲毫懈怠，玩命似的訓練，為的是，能夠在二零零四年雅典奧運會上一鳴驚人。

那時的楊威，身體素質、技術和心理都處在最佳時期，可是誰都沒有想到，一鳴驚人的美夢竟演變成了一場噩夢。

和男子團體體操冠軍失之交臂後，大家把所有希望都寄託在他身上，可是他卻因為在單槓比賽上的重大失誤，無緣個人全能冠軍。那一年，楊威的人生墜入了低谷，痛苦不堪回首。

「當時我越想越覺得對不起教練，跪在了總教練黃玉斌面前，我當時沒有別的方式來表達自己的愧疚，黃導趕緊把我拉了起來，說我們二零零八年從頭再來。」站在演講臺上的楊威，語速不緊不慢，眼裡閃著淚光。

都說凡事說起來容易，做起來難，奧運比賽更是如此。一個運動員，黃金時間能有幾年呢？花四年時間再來一次，連楊威自己都沒有勇氣。

無數次，楊威夢到自己從單槓上掉下來的情景，看到教練失望的眼神和隊友們流下的眼淚，夢和現實之間來回變換。他想到了離隊退役。「畢竟二十五歲了，一個男人做什麼都不晚。如果再熬上四年，北京奧運會什麼都拿不到的話，我一輩子都會活在失敗的陰影當中。」

關鍵時刻，黃導的一句話點醒了他：「在你狀態最好的時候，不一定能拿到冠軍，非最佳狀態的時候，有可能會拿到一個成績。如果你現在退役，有可能你這輩子都拿不到一個全能冠軍。」

要想沒有遺憾，那就拼盡全力去追夢。怕什麼呢？為了夢想，再來一次又如何？想到這，楊威又一次走進了訓練場。

又是一個四年，一千四百多個日日夜夜，翹首以盼的北京奧運會終於到來了。

在這屆奧運會上，楊威以九四點五七五分的總成績，時隔十二年之後，重新為中國獲得了男子體操全能金牌，他也成為中國第一位三次拿到世界大賽全能冠軍的體操選手。

四年前失之交臂的那枚金牌，這一次奪回來了。當國歌在奧運賽場上響起，所有人都為之振奮。

美國哲學家威廉．詹姆斯說：「人心最渴望的，乃是被人所認同。」那種跌入低谷，無人問津的滋味是無比痛苦的。想要絕處逢生，首先要克服的，就是畏難心理。

拼一下，還有機會翻身。就此放棄，恐怕所有遺憾都會塵埃落定。

02

小時候總喜歡和小夥伴們一起爬樹摘果子。

在所有夥伴當中，我是最瘦弱的那一個。同齡的小夥伴高林，比我高出半個頭，力氣也比我大，身手也比我矯健得多。

我不服氣啊，偏要和高林比試一番，便和高林分成了兩隊，可是所有人都在為高林吶喊助威，反觀我這邊，空無一人。

我自己給自己打氣，高林用十秒鐘爬上樹，我偏要用九秒，甚至要用五六秒完勝他。也正是因為如此，好勝心特強的我，常常會從樹上跌落下來，腿上和胳膊上滿是傷口和淤青。

一旦看到我從樹上跌下來，家裡人不僅不來安慰我，反而還會對我「棍棒伺候」。這時高林和其他小夥伴便一起觀望，聽到我被打得哭爹喊娘，幸災樂禍地站在門口笑。可是我就是要超過對手啊，只要家裡沒人，我還是會抱著樹幹往上爬。跌下來，拍拍灰塵，再來。撞破了，淤青了，揉一揉，重新上陣。

靠自己努力摘得的果子一定很好吃吧？比我個子高、比我力氣大又怎樣，我不比任何人差在哪。

我只想證明自己，別人能做到的，我也能做到。別人或許很厲害，可是我不斷地加籌碼進去，天平不會總是向對方傾斜。

03

大學同學盧路，到了大四才發覺大學將逝，決定好好珍惜。

上了大學，一個個就像脫了韁的野馬，總覺得有大把的時間去放縱。有人敢於和時間賽跑，把大學過得有聲有色。也有人裝睡不醒，整天吃著外賣，打著遊戲，醉生夢死一般。

我們一路欣喜，也一路遺憾。總是要等到臨近畢業了，我們才會問自己：大學時光快要結束了，我還有哪些遺憾？

有人說沒有考到很多證書，有人說沒有得過獎學金，有人說沒有經歷過一場說走就走的旅行，還有人說，沒有談上一場刻骨銘心的戀愛。

就像盧路，遺憾總是比欣喜多得多。想去實現的夢想，卻因為自己的放縱和放棄一再擱淺。

快要畢業了，難道要這樣一直遺憾下去嗎？

盧路不敢再往下想。

有人說，人生最大的遺憾，莫過於錯誤地堅持和輕易地放棄。我深以為然。

我們總想用「無為」和「庸碌」乞求一點同情，可是最終，職場不相信眼淚，愛情不相信眼淚，人生也不相信眼淚。更多時候，我們只能「孤芳自賞」。

我曾對不少剛入學的大學朋友說過，在最珍貴的這段時光裡，沒有盡最大的努力充實自己，踏入社會後一定會後悔。別等到一切焦慮纏繞成麻的時候，才發覺此時此刻的時間是無比的珍貴。

從那以後，盧路開始了一段全新的生活：晨起跑步，泡圖書館，去支援教書，演話劇，報名主持人訓練營，還申請了韓國的互換生。最讓他欣喜的是，他在大四那年，遇到了心愛的女朋友。

人生最遺憾之事，莫過於想要翻身之際，卻沒有翻身的勇氣。好在，只要想努力，我們總可以抓住時間的尾巴。

不拼一下，所有的遺憾都無法彌補。放手一搏，才是最正確的事情。

不逼自己一把，就不知道自己有多強大

那些安於現狀的人，稍微一努力，就覺得拼盡了全力。殊不知，原有的舒適區也會崩塌，人生也會重新洗牌。既然如此，何不拼盡全力，與世界豪賭一場？

01

相信看過《極限長板＋天路九十九道彎》的人，都會被影片裡的那個挑戰者所折服。

這一次，《極限長板＋天路九十九道彎》的攝影團隊把鏡頭對準了張家界的天門山盤山公路。這條素有「通天大道」之稱的公路，全長近十一公里，海拔高達一千三百公尺，更令極限愛好者著迷的，就是它有九十九個彎道，甚至有的有一百八十度。

挑戰者名叫卿雲輝，被圈裡稱為「中國長板速降第一人」。

按照要求，卿雲輝要在二十五分鐘之內，從一千三百公尺的頂端極速滑下。同時，一旦雙腳著地或者摔倒就意味著失敗。

大道兩側絕壁千仞，稍有不慎就會跌入谷中。說實話，看著極度轉動的滑輪，手接觸地面時摩擦出的火花，所有觀眾都為卿雲輝捏了一把汗。

最後，卿雲輝用頑強的毅力，超前完成了挑戰。那種躺在終點仰望藍天，大口大口喘著粗大氣的感覺，是最具榮耀感的。

如果不是親眼所見，真難想像，一個人可以用長板，從「通天大道」滑至山腳。想必，挑戰者也已抱著視死如歸的決心吧。

其實，除了卿雲輝的滑板技術，更讓人佩服的，是攝影團隊的驚人效率。為了趕時間，攝影團隊只用六小時剪輯影片，用一小時拍攝，並且當天就出片。當導演劉江被記者問到這次極限拍攝中最大的困難是什麼時，他的回答是：「由於是在景區拍攝，又正值五一旅遊黃金期，只能封路半小時，所以如何快速又準確地拍到想要的鏡頭和理想的效果，成為了拍攝中的最大難題，為此整個公牛團隊全力備戰到五天只睡了兩個小時。」

為了呈現最佳的視覺效果，極限運動攝影團隊總少不了上火山，下冰川。在常人眼裡不可能完成的任務，在他們看來不過是家常便飯。

如此高效率的團隊，與強大的執行力和決心不可分。其實，每個人的身上，都隱藏了巨大的潛力，只是沒能充分地發掘出來。我始終相信，**在某件事情上還沒有成功，一定是還沒有開始逼自己。**

02

電視劇《亮劍》裡的李雲龍，開始帶領軍團時沒槍沒炮，找旅長申請裝備時反被旅長訓斥：「我有裝備我要你幹什麼啊？你既然能有能耐當團長，你就有能耐出去搞槍，要不然你就回家抱孩子去。別在這給我丟人現眼。」

這句話深深地刺激了李雲龍，回去之後，李雲龍沒槍搞槍，沒炮搶炮，想盡一切辦法把軍團帶上了正軌。

把自己逼到絕路，才有絕處逢生的可能。最可笑的是，別人在天上飛，而你依舊在沉睡。

我曾在一本雜誌裡看過這樣一幅漫畫。

一個男子走到懸崖邊，想要退縮時卻發現無路可走，於是他聲嘶力竭地喊救命。

就在這時，懸崖對岸有人回應：「跳過來吧！」

男子有些驚愕，不敢相信自己可以跳過懸崖去：「我太瞭解自己了，根本無法從這裡跳到懸崖對岸去。除非有奇蹟發生，讓我能飛過去或者那塊岩石能夠延長。」

徘徊猶豫之際，男子發現身後的懸崖正在崩塌，再不跳到對岸，恐怕自己就沒有活路了。

不跳註定死亡，邁開雙腿或許還有希望。就在男子縱身一躍，以為自己墜入懸崖的時候卻發現，在雲霧的遮掩下，懸崖之間還有一座石梯，只是不容易發現。若是沒有及時跳出來，破除心理的那道魔障，就不會有絕處逢生的機會。一旦行動起來，或許一切都變得不一樣。

作者剽悍一隻貓曾說過：「**越是處於低谷期，人的爆發力越強，彈起來也會越高。因為這時候人才會好好地反思自己，渴望改變。**」

那些安於現狀的人，稍微一努力，就覺得拼盡了全力。殊不知，原有的舒適區也會崩塌，人生也會重新洗牌。

既然如此，何不拼盡全力，與世界豪賭一場？

03

上大學那時候，我曾在一家培訓機構兼職。

那是一家以教師資格證照培訓為主的機構，我負責課程顧問和統籌。

印象最深的，是一個平日裡常常和我聊天的大三女生，看到身邊的人都在為考證照忙碌起來，自己也有些蠢蠢欲動。

一次街上偶遇，我對她說，如果時間充足，並且以後想當老師，趁現在還沒畢業，考個教師證照再合適不過了。

她的話讓我始料不及：「其實，我平日裡挺忙的，要上課，要逛街，要陪閨密和男朋友，還要學音樂和玩滑板……」

我有些尷尬地對她說：「要想考證照，除了上課，其他的都可以放一邊。」

她有些生氣地斜覷著說：「我不想放棄我的這些愛好，即使現在報了名，考試也不一定過，過了也不見得當得上老師，我才不要信你的呢。」

我瞬間崩潰，無言以對。

這樣的三分鐘熱度，我已屢見不鮮。在競爭無處不在的世界裡，要想從萬千同齡人中脫穎而出，首要的，就是改變自己的懶惰。

畢竟，除了你自己，沒有人可以替你踏上征途，走完餘途。自然也不會有人替你下定決心，投入籌碼，哪怕是一絲一毫。

成年人的思維方式永遠是好誇惡批，排除異己，甚至是不火燒眉毛不挪窩，不見棺材不掉淚。

可是你要知道，人如果不把自己往死裡逼，就會被生活逼到死裡去。也許，只有等待塵埃落定的那一刻，人才會醒悟，當初的自己有多麼愚昧。

我記得曾經有人說過這樣一句話：「這個世界上大多數人努力程度之低，還輪不上拼天賦。」

所以啊，只要肯努力，即使成績沒有頂尖，也不至於落後太多。人只要肯逼自己，那麼他離成功也就不遠了。

與君共勉。

PART
5

願你特別兇狠，也特別溫柔

不是每一個人都可以幸運地過自己理想中的生活，有房有車當然好了，沒有難道哭嗎？所以呢，我們一定要享受我們所過的生活。

我只要你的愛，麵包和牛奶我自己買

所有的努力，都會在愛情來臨之際匯成一句話：我想活出一個堅強而獨立的人，我只要你的愛，麵包和牛奶我自己買。

01

某個深夜，表妹突然打來電話，讓我有些意外。

表妹在上海的一家外貿公司當行政主管，因為長相不錯，性格又好，表妹的身邊不乏追求者。

記得上次通話，表妹還跟我說起戀愛時的悸動和憧憬，沒想到這一次，表妹居然告訴我，她在感情裡狠狠地摔了一跤。

就在二零一八年元旦，表妹又被家裡逼著回老家相親，一天好幾十個連環奪命call讓表妹有些抓狂。說起來，這也情有可原。在家人看來，表妹已經到了該結婚的年紀，如果不是表妹一直拖到現在，在老家早就是孩子的媽媽了。

其實，就在那段時間裡，有兩個男生都想和表妹確立戀愛關係。

一邊是自己的上級，擁有公司的股份，有著吃不完的大餐、穿不完的名牌，到哪都是車接車送，一副光芒萬丈的模樣。而另一邊是她的校友，同是職場新人，在職場中摸爬滾打，雖然日子過得有些艱難，但這個男生足夠努力，而且足夠體貼。

年輕的心啊，總有一些懵懂和衝動。最後，表妹還是選擇了前者。

表妹一直以為他會把自己捧在手心，會對她百般庇護。可是現實呢，就在表妹對工作開始敷衍了事、懈怠偷懶，以為有了男朋友這棵「大樹」就可以坐享其成的時候，彷彿就在一夜之間，男朋友開始對她疏離。當花式告白、送玫瑰、唱情歌彈吉他都成了過去式的時候，一段感情也就接近了尾聲。

「條件再好有什麼用？自己努力才會心安。」表妹幡然醒悟。

所謂不勞而獲、一勞永逸，不過是一個人的幻想而已。就連灑狗血的影視劇都擺脫不了這樣的劇情，嫁入豪門的女子受人豔羨，以為這樣就可以安心地做起全職太太，其實早在收起工作服、脫下高跟鞋的那一刻，所有閃光的東西也就此暗淡了。

都說找對人，這個「對」字，不僅是性格合拍，更重要的，是努力同步啊。

好在，表妹及時清醒了過來。那段失敗的感情，讓她醒悟。一個女孩子，獨立自強才能讓靈魂挺拔，愛情可以讓別人給，麵包和牛奶一定要自己買。

畢竟，最後成為堅強後盾的，只有你自己。

我曾問同事娜姐：「一個女孩子為什麼要努力呢？」

娜姐給我的回答是：「因為凡是好吃的大餐、好看的衣服都比較貴啊，凡是想去的地方都比較遠啊，路是自己走出來的，沒人會施捨給你，所有的美好，都要自己去爭取。」

我想了想，的確是這個道理。

02

電視劇《人間至味是清歡》裡，丁人間的髮妻林月對丁人間抱怨道：「丁人間，我過夠了帶著你爸和丁滿意擠在狹小的房子裡，用漏水的蓮蓬頭洗澡。甚至，沒臉帶著同事到家裡來聚會。」

對生活品質有高要求的林月一心嚮往自由，卻困於丁人間沒錢，實現換大房子的願望遙遙無期。

沒有經濟支撐的願望，永遠是無力的。這個世界就是現實，想要得到某件東西，就要用等同的付出來換。不論你是嘶吼咆哮，還是滿地打滾，看不到你的誠意，再怎麼強求都沒有用。

在報社工作的時候，我認識了一個酷愛攝影的雜誌編輯，我喜歡叫她櫻花姑娘。她有著櫻花般溫婉清秀的面容，工作起來卻不像一個嬌滴滴的女生。

接觸久了，我就被她熱血的狀態所折服。

不管忙到多晚，白天有多累，下班後，她總會第一時間去健身房鍛煉保持身材。簡單的晚飯後，她就趕回家裡寫稿子、學英語，睡前認真地保養皮膚，提前把第二天的工作記錄下來，把第二天的營養粥放進鍋裡定時，按時睡覺。

長期的自律，讓她擁有了姣好的身材和健康的體魄。長期的堅持，讓她的新書一本又一本地面世，即使採訪時全程外語都毫無壓力。

雜誌社外出攝影，難免有人手不夠的時候，她就帶頭一個人擔起幾個人的工作，搬運箱子、安排服裝、佈置機位和現場，自始至終，她從未喊過一聲累，哪怕當晚忙碌到深夜，第二天還是元氣滿滿的模樣。

她在通訊軟體上的個性簽名我很喜歡：「我只要你的愛，麵包和牛奶我自己買。」

雖這樣說，可是櫻花姑娘一直沒有戀愛。有一次，我問她為什麼不戀愛，她說，愛情這個事情怎麼急得來呢？與其苦苦尋覓那個人，不如讓自己變得更好，這樣或許會少一點對他人的依賴。

單身從來都不是一件壞事情，它更能讓你體會到生活的艱辛和孤獨的苦澀，從而更加懂得努力奮鬥的意義。

辛夷塢曾說過：「**我認真學習，賣力考試，辛辛苦苦打拼事業，為的就是當我愛的人出現，不管他富甲一方，還是一無所有，我都可以張開手坦然擁抱他。**」

成為更好的人，才是獲得幸福的前提。

03

電影《那些年我們追過的女孩》裡有這樣一個情景：

柯景騰對沈佳宜說：「數學好有什麼了不起，我敢跟你賭，十年後，我連log是什麼都不知道，照樣活得很好。」

沈佳宜笑著說：「嗯，我相信。但是，人生本來就有很多事情是徒勞無功的啊。」

如果我們只是想簡單地活著，其實並不難。

馬斯洛需要層次理論中，食物、水、空氣等生理需求排在了最底層，可是要想達到頂端的「自我實現」就沒有那麼容易了。

一個人越是努力，理想的高度就會越高。這也就是一個人拼命努力、非常努力、相當努力、比較努力以及不太努力得到的結果大相徑庭的原因了。

黃碧雲在《她是女子，我也是女子》中說到：「如果有天我們湮沒在人潮之中，庸碌一生，那是因為我們沒有努力要活得豐盛。」

努力，不止是為了讓自己成為一個很厲害的人，更重要的是，這個世界會因為我的努力有那麼一點點不一樣。

問答網站上曾有一個熱門話題：「人為什麼要奮鬥？」

其中有一個回答是：「因為不奮鬥，你的才華如何配上你的任性。不奮鬥，你的腳步如何趕上父母老去的速度。不奮鬥，世界那麼大，你靠什麼去看看？一個人老去的時候，最痛苦的事情，不是失敗，而是我本可以。因為如果你的人生起點不高，就不曾有人為你走過人生百步中的任何一步。」

長大以後，我們像是被時間推進了戰場，要獨自一人面對這世間的兵荒馬亂。

為此，我們都有過前所未有的迷茫，包括愛情。

懦弱的人，會像鴕鳥一樣，把腦袋埋進土裡。勇敢的人，會披上鎧甲，握緊手裡的武器。

沒有人會是你永遠的靠山，除了你自己。

如此，所有的努力，都會在愛情來臨之際匯成一句話：我想活出一個堅強而獨立的人，我只要你的愛，麵包和牛奶我自己買。

如果愛我，就請用力一點

愛情是兩個人身心的共鳴，不是一廂情願，更不是你追我趕的比賽。如果不愛，即使兩個潮濕的內心貼得再近，也難有升溫的那一天。所以，愛了，就請用力一點。

01

一次聚餐，和幾個朋友玩真心話大冒險，李小姐被問到：「這是你交的第幾個男朋友？」

要是換作別人，可能會尷尬得說不出話，這個李小姐卻一臉輕快地說：「不瞞大家，這是第五個。」

那時，李小姐的男友就坐在身邊，從兩人的親密程度來看，他們是真心相愛。

後來聽人說起，李小姐的情感之路十分坎坷，深愛的人紛紛離她而去。她一次次地陷入愛河，卻又一次次地傷痕累累。其實，李小姐長得並不出眾，家境也不是特別好，從小到大都是大家眼裡的乖孩子和好學生。人常說，走出校園，僅僅靠努力就能成功的事情越來越少了，愛情也是如此。

有一次，我跟李小姐開玩笑：「人海茫茫，你的真命天子到底在哪裡啊？」

李小姐的回答讓我始料未及：「我不知道誰會陪我走到最後，我只知道每一段感情都來之不易。既然愛了，那就用力去愛，即使有一天分手了，我和他之間還有美好的回憶。」

李小姐的話，讓我想起《令人討厭的松子的一生》裡，那個一次次為愛受傷卻始終渴望被愛的松子。她的渴望，她的不顧一切，催人淚下又發人深思。

我很喜歡一句話：我不管晴天還是雨天，只要有你在，就是我生命中的每一天。如果愛我，那就珍惜我們在一起的朝朝暮暮。

陰晴圓缺無關緊要，要的就是你在我手邊的溫度。

02

據說歌手陳昇曾開過一場特別的演唱會，叫「明年你還愛我嗎？」

這場演唱會的特殊在於，提前一年售票，而且只賣給情侶。

只要是情侶購買，一個人的價格就可以獲得兩個席位。同時，一張門票被分為男生券和女生券，一年之後，兩張票券合在一起才能生效。也就是說，今年相愛的情侶，如果到了明年依舊相愛，才能一同觀看。

明年你還愛我嗎？一個看似簡單的疑問，卻總是那麼令人心碎。

到了第二年，陳昇專設的情侶專座，果然空了不少位子。面對稀稀寥寥的人群，陳昇含淚唱完了那首《把悲傷留給自己》。

一年，十二個月，三百六十五天，八千七百六十小時，五十二萬五千六百分鐘，三千一百五十三萬六千秒，時間那麼短，卻留不住一個人的愛。

也許是因為不夠愛，也許是因為愛情敗給了現實。最終，所有掏心掏肺的付出，海誓山盟也都一去不回。

愛情是兩個人身心的共鳴，不是一廂情願，更不是你追我趕的比賽。如果不愛，即使兩個潮濕的內心貼得再近，也難有升溫的那一天。

所以，愛了，就請用力一點。

03

上初三的時候，我留校住宿。和我同一個宿舍的，還有正讀高三的安北。

高考的前一天，我和安北躺在鐵架床上閒聊，還探討了一番自己的愛情觀。

那時，我才十五歲，情竇初開的年紀，對愛情還比較懵懂，可是我仍然覺得選擇一個愛自己的人比一個自己愛的人更明智。

安北問我為什麼這麼說，我支支吾吾了好久，都沒有說上來。

後來，安北考上了一所外省的師範院校，我也緊追其腳步，考上了同一所院校。

那一年，安北已在上海工作，我才剛上大一。

我和安北重逢，是大一那年的暑假，我去上海旅遊時，順便看了看安北。我們在市井小巷裡吃燒烤，啤酒一杯續著一杯，話題也接著幾年前的「鐵架床臥談」。

我問安北，「是否遇到了愛你的那個人？」安北靜靜地看著人群，不知該如何說起。我又問，「那你遇到了你愛的人？」安北苦笑，「哪有什麼愛你的人和你愛的人，即使是兩情相悅，也抵不過赤裸裸的現實。」

後來才知道，安北有過一段刻骨銘心的戀愛，女孩比安北大一屆。都說，畢業季即分手季，女孩去了深圳，而他決定去上海打拼，從此兩人再也沒有見過面。多少次他想去找她，都被她拒絕。結局是兩人因為不可調和的矛盾，不歡而散。

「大學就開始，四年多的感情說沒就沒了……我對她的好連她閨密都羨慕，在她最窘迫的時候，我把自己的生活費給了她，交房租、買正式服裝，自己只能拿之前存的硬幣吃麵。到後來她的家人和朋友紛紛不看好，我一個大男人，為她哭得稀裡嘩啦，都無法挽回，我不怪誰，要怪只能怪我們緣分太淺。」

我順手點開安北聊天軟體裡的個性簽名，好久都沒有變過：「原以為我是你的全世界，最終，我不過是從你的全世界路過。」

我們都渴望一段善始善終的愛情，可是如何面對未知的未來，如何面對世事的洶湧，我們似乎都無法看清，也沒有做好準備。

迷離的夜光下，有太多的買醉、太多的嘶吼、太多的挽留和太多的撕心裂肺。

如果愛我，那就趁現在。

04

電影《後會無期》裡，韓寒說：「每一次告別，最好用力一點。多說一句，可能是最後一句。多看一眼，可能是最後一眼。」

越來越覺得，所謂的「永遠」就是當下。當然，愛情也是。

我不在乎你明天愛誰，下輩子是否依舊愛我，我只在乎此時此刻，你是否在我身邊。

我曾在車站親眼看見女孩和當兵的男友告別的場景。女孩緊緊地抱著男友，眼裡滿是淚水。

這次分開，可能就意味著好幾年無法相見，也可能意味著女孩最終會在家人的催促下嫁為人妻，這一次就是永遠的離別。

記得《雪絨花》裡這樣唱到：「為了愛，那就請你用力抱緊一點，享受最後一次溫暖感覺，既然愛了，就要勇敢一點，管不了這世界太多風險。」

昨天，已成過去；未來，還未到來。

此時此刻，就是一切。

如果愛我，就趁現在，用力一點，再用力一點。

去愛吧，就像從來沒受過傷一樣

我們都試著跟自己和解，哪有什麼最愛的人，哪有什麼離開之後自己就活不下去的人，時間會悄悄地告訴你，凡是失去的人，都不是最愛，離開之後，反而成全了更好的你。

01

前不久，薇姐的前男友結婚了，朋友圈還發了結婚證書的照片。我們都義憤填膺，唯獨薇姐風輕雲淡地回了句：「祝他幸福吧。」

薇姐的前男友曾是我們的同事，一百八十三公分的大高個，秀氣的臉龐上戴著金絲眼鏡，走到哪，都會引起女生的注目。

公司規定員工之間不能談戀愛，可是他們還是偷偷地相愛了。都說寧毀一座廟，不拆一樁婚，大家都願意為他們保守這個秘密，因為看到他們在一起的甜蜜，真不忍心拆開他們。

從浪漫告白，到約會、逛街、看電影，一切都來得太快了。薇姐完全沉浸在幸福的海洋裡，渾然不知男友悄然間變心。

愛你時，想方設法地討你開心。不愛你時，萬般挽留都是疲憊。那句「或許我們不合適，別浪費青春在我身上了」，讓薇姐難以接受。

那個晚上，薇姐獨自一人在街上走著，漫無目的，像丟了魂。那種感覺，大概就是被人海包圍也覺得孤獨，看喜劇也會哭。

當晚，薇姐發了一條訊息：「我一直以為妥協一些將就一些，這個世界就會為我讓出一席之地，後來才知道，你永遠無法感動一個不愛你的人。」

所有人的心都突然緊繃了起來。

跟喜歡的人分開是一種什麼感受呢？薇姐說：「以前覺得很可愛的表情包貼圖再也不會分享給任何人了，遇到再好看的風景也不會拍下來了，忍不住看他的照片和簡訊，聽他喜歡聽的歌，眼淚卻忍不住一次次地流，最後索性刪掉所有關於他的回憶。從此以後，再也不會花光所有的力氣，去愛一個人了。」

我們都曾是薇姐吧，所有的信誓旦旦，最終，只剩下心如刀割的疼。那些苦澀、委屈、不甘、無力感，交織成一團亂麻，裹成一個球，擁堵在心裡找不到頭緒，無從說起。

可是我們依然要相信愛情。

不屬於自己的東西，就像帶著刺的玫瑰，再去強求，只會弄疼自己。

所以，我們試著跟自己和解，哪有什麼最愛的人，哪有什麼離開之後自己就活不下去的人，時間會悄悄地告訴你，凡是失去的人，都不是最愛，離開之後，反而成全了更好的你。

02

多媒體「MagicTV」曾出品過一部短片《如果失戀就是世界末日》。

隨著旁白「如果失戀就是世界末日，那我要在末日前學會很多事」緩緩響起，一個女孩的訴說也隨之展開。

「我要學會接受自己不快樂的樣子，學會不再為迎合他的喜好而打扮。學會善待自己的腸胃，而不只是費心琢磨他的口味。學會投入到與他無關的事情裡。學會一個人看電影，悲喜由自己。學會自己打包行李，將心情隨意擺放在外面的世界裡。學會一個人睡得安穩，不在夜裡為他輾轉反側。在失戀末日前，學會與自己相處。從此，笑給自己看，哭給自己聽。」

當失戀不可避免，比悲痛更重要的，是跟自己和解，從而變得更加堅強和獨立。

當離開不可避免，我們無需挽留，不愛就是不愛了，何必展露連自己都不想多看一眼的不堪和醜態。

等你自己強大起來，你會發現，完全不是你配不上他，而是他根本配不上你。

你不過是失去了一個錯的人，這或許，也為你開啟了一段正確的人生。你的人生一個人就足夠熠熠生輝了，也不是強求非要誰同行不可。

所以啊，**不要愛得太卑微**。

03

電影《失戀33天》裡有一個場景讓我印象特別深刻。

黃小仙在酒吧裡喝醉，服務員把她的前男友陸然叫過來送她回家。臨走時，陸然把自己所有的憤懣都宣洩了出來——原來，在此之前，黃小仙總是一副高高在上，趾高氣揚的姿態，即使吵架了也從不給他臺階。

路上清醒了一些，黃小仙又恢復了劍拔弩張的狀態。

聽著陸然的話，黃小仙執意讓陸然先走，可是還是在計程車開走的瞬間淚崩，拼了命地去追計程車。

她哭喊著，心裡已經知道自己做錯了什麼，求他再等等她，不要放棄她：「我不再要那一擊就碎的自尊，我的自信也全部是空穴來風，我要讓你看到，我現在有多卑微。你能不能原諒我？」

王小賤看到後，一個巴掌徹底打醒了她。

黃小仙說：「世上最骯髒的，莫過於自尊心。」對啊，世界上最聖潔的東西，卻也是最骯髒的。

既然無法融入在一起，無法平等地交流，那麼分開或許就是最好的選擇。

誰也不用為誰肝腸寸斷，誰也不用為誰徹底難眠。就這樣吧，把一切交給時間。

黃小仙失戀後的那段日子，整天蓬頭垢面，她的老闆說了一段話：「最近是不是沒好好吃飯沒好好休息？就是因為失戀了，芝麻大點事兒，什麼心理素質！二百五的腦子加林黛玉的心就是你。」

「要是我女兒失戀了，哭著來找我，我就帶她去買漂亮衣服，帶她吃最好的東西。要什麼給什麼，失戀有什麼大不了的，美酒美食，不會停止供應。說句俗話，時間能治癒一切，雖然我無法告訴你時間有多長。」

以前隔著人群遠遠地望著你，就想啊，這個人對我這麼好，現在卻不是了。可是那又有什麼關係呢？我們又有了新的生活，那些傷心、怨恨、憤怒和悲哀也總會有一天煙消雲散。

戴愛玲唱的《對的人》：「愛要耐心等待，仔細尋找，感覺很重要。寧可空白了手，等候一次，真心的擁抱，我相信在這個世界上，一定會遇到，對的人出現在眼角。」

受了傷，那又怎樣？要相信，對的人一定會出現，就在未來的某個轉角。

感謝你來過，也不遺憾你離開。

看臉的時代，比愛美更重要的是愛自己

最高級的美，從來都不帶有任何虛榮，也從來不是為了取悅任何人。一個人的顏值並不意味著一切，它只是視覺上的短暫感受。無論你長成什麼樣子，都願你活出自己的精彩，成為自己的英雄。

01

有一個要好的朋友對我說：「作為一個女生，如果形象價值百萬，那麼氣質修養就價值千萬。」

我問為什麼，她說了一個自己的故事。

剛來公司上班那時候，她被安排在員工宿舍。

說起員工宿舍，不過是在某個閣樓裡添置了幾張床和簡單的傢俱，空間不算大，採光和空氣卻非常好。

那是她第一次住員工宿舍，收拾行李的時候，還對宿舍的生活充滿了期待。可是令她沒想到的是，在入住的當晚，她就怒火中燒地離開了。

原來，同宿舍的一個女生過於邋遢，沒有人願意和她同住。

床上、桌子上和地上都是各種零食包裝袋，垃圾、衣服、鞋子、生活用品雜亂地堆在一起，還沒開門就能聞到一股惡臭味。

我常常聽到一句話：「世界上沒有醜女人，只有懶女人，只要你勤快用心，就能成為女神，成為人人都愛的精緻女孩。」

真沒想到，一個二十來歲的女生，竟住在如此糟糕惡劣的環境。聽其他同事說，平日裡女生從不打扮，也不化妝，甚至好幾天都不洗澡，衣服、襪子好幾天都不換，更別提什麼愛美了。這或許和一個人的自信有關，而一個人的形象，是可以決定一個人是否自信的。

後來，朋友把這件事情反映給了主管。在主管和朋友的鼓勵下，女生接受了由公司安排的化妝提議。當女生以光彩照人的模樣再次出現時，連她自己都嚇了一大跳——原來自己也可以這麼美。

從那以後，女生一改往日邋遢的生活習慣，開始打扮自己，工作起來也更加自信了。

醜小鴨變成白天鵝，改變的，遠不止形象這一點。

02

漂亮重要嗎？當然重要。

更要認清一點的是，女人之間口耳相傳的漂亮，和男人眼裡心照不宣的漂亮並不完全對等。

著名女演員奧黛麗・赫本說：「美麗的眼睛能發現他人身上的美德，美麗的嘴唇只會說出善言，美麗的姿態能與知識並行，這樣就永不孤單。」

也許，你會抱怨命運的不公。為什麼有的人天生一副驕人的臉蛋，自己卻總是被別人冷落。然而，命運總是在關上門後，又為你打開了一扇窗。若是有人可以欣賞你的知識、你的性格、你的閱歷，最後為你著迷，那才是莫大的榮幸。

並不否認，長得好看會帶來諸多的順境，但單憑「好看」並不能一步登天。那些迫不及待地要在自己臉上動刀的人，不過是為了迎合這個世界的審美。

當錐子臉、大眼睛成為標準審美後，多少可愛動人的女孩，硬是把自己整成了網紅臉。原本就很好看的女生，硬是花了八年的時間，在臉上動了無數刀，最終整成了明星的翻版，這樣的新聞早已屢見不鮮。

世人常說，身體髮膚，受之父母，不敢毀傷，孝之始也。如果一味想要滿足自己的虛榮心，就註定永遠活在別人的眼光之下。最高級的美，從來都不帶有任何虛榮，也從來不是為了取悅任何人。

一個人的顏值並不意味著一切，它只是視覺上的短暫感受。

無論你長成什麼樣子，都願你活出自己的精彩，成為自己的英雄。

03

在這個看臉的時代，比愛美更重要的是愛自己。

一個人的外貌固然重要，但別忘了，內在修養同樣重要，甚至更重要，而內在修養就取決於一個人後天的努力了。

有一個新聞說來有趣，男生因為女生長相好看，終於把女方追到了手，可是最後還是提出了分手。究其原因，是女生過於懶惰，多年養成的邋遢習慣，破滅了男生所有美好的幻想。

男生義憤填膺地對記者說，只要自己一個星期不回家，家裡就會髒亂得連個站腳的地方都沒有。只要時間稍微晚一點，大熱天她也可以不洗澡就睡覺。因為洗菜常常洗不乾淨，吃飯時常會吃到沙子。因為油煙機的油垢實在太厚又懶得清洗，所以即使開著也起不了作用，一到燒菜就滿屋子油煙。因為不常倒垃圾，垃圾桶裡常常長毛，連找到一個乾淨一點的杯子喝水都是個問題。

一段關係的破裂，並不單單是某一方的責任，而只要某一方惡習纏身，肯定會讓對方難以接受。

想一想，房子是自己的，身體是自己的，吃下去的飯菜也是自己的，為什麼不多愛自己一點，對自己好一點呢？

從來沒有愛過自己，就別怪生活不如意，就像《珍愛來臨》裡的一句話：「不在任何東西面前失去自我，哪怕是教條，哪怕是別人的眼光，哪怕是愛情。」

愛自己，就要努力做一個自己喜歡的人，無論何時何地都讓自己足夠耀眼，值得被別人愛。一個連照顧自己，愛惜自己都不會的人，又怎麼能奢求別人來愛你呢？

畢竟，愛自己才是活出自己的開始呀。

接受欣喜，更要接受責難

我們都渴望一段善始善終的戀愛，可是戀愛除了快樂和感動，也一定有不為人知的苦楚。光吃甜會膩，嘗過苦才會更懂得甜的不易。難道不是嗎？

01

在肯德基認識的甜筒姑娘，說起過這麼一個故事。

一對情侶相戀多年，就在男生帶女孩見父母的那天，男生的家人萬般阻攔，理由很簡單，女孩因為一次意外失去了語言功能，說話只能靠啞語，而家人都無法接受這樣的媳婦。

那晚，家裡鬧得很不愉快，砸電視、摔東西，整個社區都傳得沸沸揚揚。

一邊是父母，一邊是自己心愛的女友，男生陷入了兩難。鬱鬱之下，男生把自己反鎖在屋子裡。誰的電話也不接，去公司也找不到人。

甜筒姑娘是一個街訪節目的主持人。女孩非常喜歡這檔節目，想求助她，一番周折之後果然找到了甜筒姑娘。

起初，甜筒姑娘有些遲疑，可是看到女孩焦急的樣子，不禁動了惻隱之心。給男生打了好久的電話，才終於接通。在甜筒姑娘的好言勸說下，男生願意去和父母溝通，試著去說服家人。

說到這，甜筒姑娘有些義憤填膺：「這個男生真有點不負責任，父母不同意那就試著去說服吧，哪有躲起來不去解決的？那女孩哭得梨花帶雨，眼睛都哭腫了。」

「那後來呢？」

「我勸男生去溝通了好幾次，男生的家人才願意試著接納。相比於躲著不去解決，這已經是一大進步了。想想看，哪有一段感情是一帆風順的啊，唐僧取經都要經歷九九八十一難呢。」

我們總是嚮往熱戀時的你儂我儂，喜於聽到情到深處的海誓山盟，卻在最需要堅持的時候打了退堂鼓。

不是說，愛情可以戰勝一切嗎？為什麼最終你卻落了單？

男生的努力沒有白費，以至於到了後來，父母聽到了鄰里的閒言碎語，哪怕是再刺耳的嘲諷，都把這個女孩當成了一家人。

再後來，女孩去醫院做了手術，病情也一點一點地好轉。再也沒有人在背後說風涼話，最後有情人終成眷屬。

羅振宇在《奇葩說》裡說過這樣一段話：「成長就是你主觀世界遇到客觀世界之間的那條溝，你掉進去了，叫挫折，爬出來了，叫成長。」

感情也是一樣啊。掉進去了，叫責難，爬出來了，叫善終。

我們都渴望一段善始善終的戀愛，可是戀愛除了快樂和感動，也一定有不為人知的苦楚。

光吃甜會膩，嘗過苦才會更懂得甜的不易。

難道不是嗎？

02

電台的《今夜不寂寞》節目，主持人張明收到了一個男生的來電。

男生說，自己和女友大學時就戀愛了，畢業後兩人去了不同的城市，感情也因為分處異地，一點一點地變淡。原本男生準備忙完這一陣子就去找她的，可是她還沒等他開口，就提出了分手。

「張明老師，我到底是努力把她挽留，還是就此放手給她自由？」

「是否挽留這樣的問題，還是要看你自己。」

「其實我也知道，我現在唯一能做的，就是加倍努力，讓自己變得更好，這樣有一天她願意回頭了，就能遇到一個更好的我。只是，我擔心她萬一不回頭呢？」

「首先你要確定一點的是，如果她真的不再回頭，你還願意成為更好的自己嗎？如果願意，那就加倍努力吧。試想，不努力是不是一點希望都沒有，努力了是不是還會有希望？」

男生如夢初醒。

我見過最傷感的一句情感語錄是：「這裡荒蕪寸草不生，後來你走過一遍，奇跡般萬物生長，這裡是我的心。」之所以傷感，是因為倒過來讀，會撕心裂肺。

所有的美好都來之不易，包括愛情。

那些撕心裂肺，那些顛沛流離，也一定會成就更好的你。

03

如果有人問我，最喜歡都市情感劇的哪個角色，我一定毫不猶豫地回答《咱們結婚吧》裡的楊桃。

有一類男人，打著願意帶你玩，願意給你花錢的旗號，卻不是真愛你。他們總愛打著真愛的幌子，來欺騙一個個被愛情沖昏了頭腦的女生。楊桃就是受害者之一。

楊桃的前男友李威，不僅害得楊桃的閨密懷孕流產，還害得楊桃不得不為他還幾十萬的外債。

明明對方很愛自己，為什麼一夜之間就成了陌生人？此時的楊桃，就像折斷了雙翼的鳥兒，跌入了深不見底的谷底。

哀莫大於心死，楊桃花了很長一段時間，才從傷害中走出來，一個人頂著巨大的壓力謹慎小心地活著。更令人心痛的是，楊桃因為年齡偏大，被酒店解雇，一時間沒有了收入支撐，日子變得捉襟見肘。

好在，楊桃沒有一蹶不振。

因為對婚紗設計頗有興趣，從大學開始，她就開始關注這門技藝，這為她新的職業生涯打開了一扇門。

不久後，楊桃在果然的幫助下，被一家婚紗店錄用。出色的技藝，再加上多年來積累的酒店管理經驗，婚紗店被她經營得風生水起。

讓我印象最深刻的，是楊桃去見果然的父母。在果然的媽媽故意為難楊桃的時候，楊桃並沒有因此生氣，而是配合果然一起說服她。

欣喜和責難往往形影不離，如意之處一定有它的不盡如人意。可是這樣的生活才有意思啊。我們總要經歷一些風雨，才懂得那些晴朗明媚的來之不易。

世界不能滿足你所有的幻想，但依然不妨礙我們熱愛它。

只有經濟獨立，才能獲得真正的安全感

一個女生的安全感，不在於退而求其次的得過且過，更不在於放縱自己的逍遙自在，而在於看清現實後的浴血奮戰。

01

問答網站裡有這樣一個熱門問答：「一個女生為什麼要努力賺錢？」其中獲讚最多的一個回答是，女生最大的安全感來自於自身的奮鬥，要知道，除了你自己，沒有任何人會給你安全感。

聽過太多女生抱怨：「我真是命苦啊，總是有做不完的工作、加不完的班，要是我能遇到一個又帥又有錢的霸道總裁就好了，總有花不完的錢、吃不完的大餐、度不完的蜜月……」可是現實呢，從來都不是把電影和小說裡的場景搬到生活中，大夢初醒後，人們還是要為下一頓飽飯而勞碌。

於是就有了：「一個女生那麼拼命賺錢幹嘛呢？找個好老公嫁了豈不是更好。」

「一個女生把自己整那麼累，大好的年華不去放縱就浪費了。」

「還是安穩一點比較好，女生有一個普通穩定的工作就不錯了。」

諸如此類。

在我看來，這些言論既無知，又好笑，不過是麻痹自己的託辭罷了。

要知道，一個女生的安全感，不在於退而求其次的得過且過，更不在於放縱自

己的逍遙自在，而在於看清現實後的浴血奮戰。

02

電視劇《我的前半生》曾引起不少觀眾的議論。

馬伊俐飾演的羅子君始終抱著「你負責賺錢養家，我負責貌美如花」的觀念，婚後做起了全職太太。

孩子有保姆接送，吃飯喝水都有保姆伺候，穿的是奢侈的衣服，用的是比一般人都要好上幾倍的化妝品。

羅子君的養尊處優，讓無數朋友豔羨不已。在她看來，這不就是所有女孩都想要的生活嗎？可以在同齡人面前獨樹一幟，有著大把大把的鈔票去揮霍，根本不用再為工作而辛苦，更不用再為生計而發愁。

可是，這樣的日子沒過多久，羅子君就開始發現自己已經脫離了社會。與此同時，羅子君和愛人之間沒有了共同語言，最後他們矛盾不斷，在一片譁然中離婚。

其實，羅子君和唐晶一樣受過高等教育，也有機會和她一樣在職場裡披荊斬棘，最終成為職場女神。讓結果大相徑庭的原因是，婚後的羅子君開始沉溺這種優渥，不再願意去努力拼搏，最後因安逸退化了雙翼，再也沒有能力飛翔。

羅子君被拋棄後，恍然醒悟：「男人都會在結婚時，對女人說：『我養你啊。』這真是一顆男人騙女人吃下的毒蘋果。你越相信，中毒越深。而我中了這個毒十年，十年後發作了，我已經無可救藥了。」

是啊，兩個人在一起，進步快的那個人會甩掉那個原地踏步的人，不用抱怨人心的冷漠和世事的不公，因為這是一個人的本能。

後來，子君把一切歸零，又重新回到了職場，在一群朋友的幫助下，再次過著獨立的生活。

劇中唐晶有幾句話說得十分中肯：當你吃的喝的用的，都是男人給的時候，就沒有了自己的話語權。

為了捍衛自己的話語權，就要經濟獨立，不攀附任何人。不求人前顯貴，至少可以挺直了腰說：「離開了你，我一樣可以養活自己，過得很好。」

世人常說，歲月催人老，美人也挨刀。

即使你是女人，有一個把你捧在手心的男人，安全感也要靠自己去爭取，因為

你自己不努力，沒有人能給你真正想要的生活。

03

二零一七年播出的《傲骨之戰》，被公認為是最好看的美劇。《傲骨之戰》裡，由美國著名演員克莉絲汀．芭倫絲基飾演的Diane是一位在律政界叱吒風雲的人物，就在退休的兩周前，她突然被告知，之前所有積蓄投資的一個基金會，只不過是一個騙局。於是，她的資金被全部凍結，去普羅旺斯買套別墅安度晚年的計畫也成了泡影。

破產後的Diane不僅陷入了巨大的經濟糾紛和友誼裂痕，而且丈夫出軌，婚姻也即將走向破滅。

在婚姻、友情、財務通通陷入危機的時候，所有人都認為Diane會心灰意冷，甚至會一蹶不振。而事實上，Diane很快就再度創業，依舊打扮精緻地出現在朋友和同事面前。

坦然接受生活強加的不幸之後，她依然選擇去努力挽回。她深知，在一無所有的際遇下，安全感要靠自己去爭取。在無所依靠的時候，努力賺錢再次成了她的鎧甲。

旁觀者越是幸災樂禍，就越是不要讓他們得逞。因為把安全感握在手裡的人，從來都不怕人生重新洗牌。

現實總會有很多無奈，很多時候，我們不知道不幸和明天哪一個先到。好在，在所有不幸來臨之前，我們早已做好了衝鋒陷陣的準備。漸漸地，我們不再害怕孤單，不再膽怯鋒芒，一種叫作安全感的東西，自然隨我們闖蕩。

總用自己的眼光去評判別人，那是耍流氓

與其如履薄冰，謹小慎微地活著，不如敞開心扉，灑脫地過活。畢竟，我們來到這個世上是為了活出自己，而不是和任何人比較，更不是為了迎合別人，讓自己變成討厭的模樣。

01

直到一次去娜姐家裡做客，我才知道娜姐竟然如此熱衷於繪畫。看到桌上、牆上滿是娜姐的作品，還有舉辦個人畫展時的照片，很難想像，平日裡對待工作廢寢忘食的娜姐，還有這樣的精神桃源。

望著那些作品，娜姐跟我說起了她的過去。

其實從幼稚園開始，娜姐就對繪畫情有獨鍾，只要是美術課，她總是拿最高分。只是，家人對她的興趣不夠重視，他們眼裡只有學習成績。

報才藝班，家人拒絕；報考藝校，家人反對。

好不容易考上了大學，有大把時間培養興趣了，她又被一些朋友取笑。世俗的眼光，還把美術誤解成一種燒錢卻沒有前途的事情。

娜姐沒有在乎那麼多，一有空就勤加練習。大一那年的寒假，娜姐興致盎然地在網上買了一幅數字油畫。說起數字油畫，就是在固定的格子裡塗上相應的顏色，待顏色塗滿，就是一幅完整的油畫。數位油畫雖然不難，但它需要一定的耐心和持之以恆的努力。看著作品在自己的努力下漸漸成形，娜姐像是完成了一項大工程，那種成就感無以言表。

油畫完成的那個晚上，父親不僅沒有稱讚鼓勵，反而對她大發雷霆：「做點什麼不好啊，非要畫油畫，又畫不出什麼名堂，養活不了自己。」娜姐剛想辯解，就被父親打斷了，「畫這玩意兒多耽誤時間啊，要是真喜歡，還不如直接去市場買一幅。」

都說興趣需要培養，夢想需要鼓勵。可是娜姐的家人，直接給她潑了一盆冷水。那種有苦難言、有口難辯的滋味，想想都令人心酸。

一句小小的鼓勵，可能會在一個人的心裡放大千百倍。而一句有口無心的偏見，也有可能在一個人的心裡放大千百倍，甚至更多。

好在，娜姐並沒有放在心上，別人再有偏見，她依然熱忱不減。

這些年，娜姐一直在繪畫的路上努力鑽研，對她來說，這不單單只是一個興趣，更是一種情操的陶冶。

一個人的偏見，往往來源於無知。就如金星在《擲地有聲》裡所說：「偏見往往是因為不瞭解並止步於不瞭解，要趕走偏見，就別輕易在瞭解之前輕易下判斷。」

有些人，總喜歡用自己的眼光去評斷別人，卻從未真正反思過片面的評價帶給別人的傷害有多深。

02

讀名著《傲慢與偏見》的時候，我用本子記過一句話：「偏見讓你無法接受我，傲慢讓我無法愛上你。」

誰都無法用片面的評判給一個人定死刑，可是總有人把無知當純潔，把偏見當原則，把愚昧當德行。

記得雯雯剛來公司上班的第一天，剛介紹完自己來自河南的時候，就有人當眾哈哈大笑：「不是說河南人喜歡偷井蓋，你有沒有偷過？」

這一笑不要緊，所有人都跟著一起笑了。再看雯雯，思緒被完全打亂，眼睛裡似乎還有眼淚在打轉。

後來一次和雯雯閒聊，她仍然心有餘悸：「我也知道是開玩笑，可是還是給我留下了陰影，那天大家一笑，我真想找個地縫鑽進去。」

瞭解真相的管道變多了，愚昧的偏見變少了嗎？

可惜沒有。

這個看著並不友善的社會，總有人以惡意評判別人為樂，並不在乎所謂的評判是否真實。

仔細一想，我們確確實實生活在無盡的偏見裡。學美術被評判為沒前途，學音樂被評判為亂燒錢，學園林被評判為種花草，學法律被評判為愛找麻煩。來自陝西被評判為住窯洞，來自內蒙古被評判為睡草原。當幼教被評判為只是陪孩子隨便玩，當公務員被評判為聊天喝茶嗑瓜子，當律師被評判為賺的都是黑心錢……

隨意用自己的眼光去評判別人的做法，不就是在耍流氓嗎？

這樣妄下結論和惡意揣測只會讓這個世界越來越渾，也越來越壞。

03

自從清歡從事自媒體寫作後，朋友就對她的工作產生了不少偏見。

有人說，這錢真好賺，足不出戶，門檻還低，隨便複製貼上一千字，再瞎掰一千字，一個月就能破萬元。還有人說，想睡就睡，想玩就玩，可以聊天一整天，還不用被人管。

可是又有多少人，真正瞭解一個自媒體工作者的難處呢？

為了不讓稿件來不及更新，他們要半夜起來追熱點。為了提高文章曝光量，他們要埋頭整理資料，找到讀者的興趣點。為了提升文采，他們要不斷學習寫作方法，力求把文章寫到最完美。甚至為了一個標題，哪裡顧得上睡覺，十天有九天都是朋友圈裡的熬夜冠軍。

其實，最煎熬的，是閱讀要求愈來愈高的讀者，競爭愈來愈大的自媒體圈，沒有人同行的孤獨，沒有人理解和支持，所有的苦楚也只能自己一個人承受。

我很喜歡清歡的文字，她筆下的故事總會給人一種溫暖的感覺。從她的文字裡，我獲得了不少力量。

真正見過世面的人，才不會輕易去評判別人，因為他們更懂得慈悲和寬容。只有苛刻和狹隘的人，才會簡單粗暴地給人劃分，為不同的人標上並不屬於他們的標籤。

想一想，知人且不評人，更何況是對不瞭解的人呢？

曾有一個女生對我說：「我從不發朋友圈，不是不會用，而是因為膽子小，害怕別人的目光。」

我勸慰她說，要表達自己的時候，絕不要輕易退縮。更何況發朋友圈不是為了取悅別人，而是為了取悅自己。

與其如履薄冰，小心謹慎地活著，不如敞開心扉，灑脫地過活。

畢竟，我們來到這個世上是為了活出自己，而不是和任何人比較，更不是為了迎合別人，讓自己變成討厭的模樣。

PART 6

晚安，這個殘酷又溫柔的世界

請善良地對待每一個人，因為每個人都在與生活苦戰。
如果真正想要瞭解他們，只需要用心去看。

世間涼薄，別奢求所有人都對你感同身受

不同的人自然有不同的心境、不同的經歷、不同的角度以及對事物不同的感知力。所謂的感同身受，有時，不過是一場癡人說夢。所以啊，當你開始理解不被理解，所有的委屈也就煙消雲散了。

01

高中畢業那年的寒假，班長舉辦了一次聚餐，還邀請了不少老師。

為了這次聚餐，班長提前一個月就通知了大家，一再提醒所有人不要遲到，可是我還是因為一場事故遲到了。

班裡其他人都聚齊了，只有我落單了。

我的手機響個不停，所有人都催我快點來，可是我沒有辦法啊，我被一輛貨車刮傷後，被送到醫院做了包紮。

等我趕到酒店的時候，大家都已經酒過三巡，菜過五味了。

因為我的缺席，班級始終是不完整的。於是，就有人開始說風涼話：「不就是成績好點嗎，還擺起了架子。」、「就是啊，聽說他把班級群組都退了，班長為了聯繫上他沒少麻煩。」

我聽著這些猜忌，有一種難以言表的感受湧上心頭。

最讓我心痛的，是沒有人為我擔心，也沒有人替我考慮，這些惡意的猜忌讓我再次受傷。

這種感覺大概就是，整個世界都拋棄了你，踽踽獨行的孤獨感和不被理解的失落感緊緊圍繞著你。你在黑暗中行走著，他們在光明的遠處嘲諷著你。

02

說實話，這個世界真的很涼薄。

《馬男波傑克》裡有一句臺詞我很喜歡：「你知道大家的問題是什麼嗎？他們只想聽自己已經相信的事，沒人想知道真相。」

也許，有些人就是習慣了這種思維方式，不喜歡你，從一開始就已經註定了。

當了班代就被認為拿回扣，自己做飯就被認為是省錢，沒及時回消息就被認為是假清高，穿得性感就被認為是勾引別人。

天啊，被人理解真的好難啊。

既然如此，何必在意那麼多？

人活著，本就不易，還是多取悅自己一點吧。

03

不要妄想改變這個混蛋的世界，努力不被這個世界改變就已經足夠了。

縱然你有你的管中窺豹、可見一斑，我有我的浩然正氣、正義凜然。我不想藐視你的思想，你也休想詆毀我的世界。

汪曾祺老先生曾在書裡寫過這一段有趣的對話。

凡花大都是五瓣，梔子花卻是六瓣。山歌云：「梔子花開六瓣頭。」梔子花粗粗大大，色白，近蒂處微綠，極香，香氣簡直有點叫人受不了，我的家鄉人說是「碰鼻子香」。梔子花粗粗大大，又香得撣都撣不開，於是為文雅人不取，以為品格不高。梔子花說：「我就是要這樣香，香得痛痛快快，你們管得著嗎！」

是啊，活給自己看，哪需要那麼多理由？

為自己而活，才是情商裡的最高級境界。

我聽朋友說起這麼一個故事，一個記者採訪世上最年長的老人，問他長壽的秘密。老人說：「大概是因為我不喜歡爭論，凡事都習慣接受別人的意見，順從別人的想法吧。」

記者接著問：「不可能吧，凡事不能堅持自己的主見，人生豈不是很乏味？」

老人沉思了半晌說：「嗯，或許你說得對。」

我們不得不承認，長大的過程中總會伴隨著種種誤解和委屈。當我們沒能達到理想的預期時，就會聽到諸如父母的不支持、朋友的不理解以及路人眼中的不成熟之類的話。我們總想要做到別人眼中的最好，卻忘記了自己最渴望的模樣。

為自己而活的那個你，才是最真實的那個你。

04

記得兩年前，欣然收到了一家出版社的出版邀稿，並要求她在兩個月之後完稿。那時，欣然在一家網路公司上班，因為業績突出，她被安排到大連管理分公司。幾年的寫作經歷，讓她在各大平台上累積了不少人氣。

收到這個消息，欣然驚喜中有些猶豫。一邊是剛剛帶起來的團隊，另一邊是出書的夢想，要想集中精力寫出好作品，就要付出大把的時間，可是平時工作那麼忙，哪裡還能兼顧寫作呢？

欣然想到了辭掉工作，回到內蒙古老家專心寫作。

這個想法剛一提出，就被公司否決了。分公司剛成立不久，需要一個人擔起重任，鼓舞人心。在所有同事當中，欣然是最佳的人選，公司自然不會讓她離開。不管是在檯面上，還是在私底下，說她傻的，說她少根筋的，說她夜郎自大的詆毀比比皆是。

可是最後，欣然還是請了長假，回到了老家。

那是一個寫作者的夢，是無數寫作者翹首以盼的夢。也許只有真正熱愛寫作的人才會明白，心中的那團火焰一旦燃起，會釋放多大的熱情。

沒有做出成績之前，往往不被看重，不被理解。可當你有一天載譽歸來，所有的不被看重和不被理解都會不攻自破了。

我始終相信，刻意去找的東西往往是不易找到的，世間萬物的來和去，都有其固定的時間。

別人誤解，多一句解釋都是掩飾；被人看輕，多說一句都是取悅。與其爭論不休，不如先把事情做出來。

自己足夠強大了，就沒有什麼人或事左右我們了。

樸樹在《那些花兒》裡唱到：「有些故事還沒講完那就算了吧，那些心情在歲月中已經難辨真假。」

不同的人自然有不同的心境、不同的經歷、不同的角度以及對事物不同的感知力。所謂的感同身受，有時，不過是一場癡人說夢。

所以啊，**當你開始理解不被理解，所有的委屈也就煙消雲散了。**

慶幸的是，總有些溫暖包裹著冷若冰霜的外表

這個世間，總有一些溫暖，包裹著冷若冰霜的外表，也總有一些誤解，需要我們用心去解開。要相信，總有一些喜悅會和我們不期而遇，總有一些幸福會紛至沓來。

01

音樂平台推出的一條廣告片曾紅遍朋友圈。這條名叫「你看到的不一定是真相」的廣告片雖然不到六分鐘，卻是那麼發人深省，震撼人心。

《你看到的不一定是真相》劇本改編自真人真事，由五個故事串聯起來。

一個握著法律武器，行使正義的律師，為一個心懷鬼胎的嫌疑犯辯護，進而被眾人指責和謾罵。一個當眾批評學生的老師，激化了師生之間的矛盾，導致學生氣憤地撕爛了書本。一個對下屬強加壓力的主管，卻在上級面前點頭哈腰，進而被同事唾棄。一個討到了食物的乞丐，卻還盯著其他食物，進而被店家拿棍追逐。一個入職不久的醫生，手術失敗後，被情緒失控的家屬惡意打傷。

很多事情，並不是我們想像的那樣簡單，真相總會被表像所蒙蔽，只留下無可奈何的遺憾和悲哀。

一個人要經過多少成長，才會不露聲色地對待不幸和遭遇。有時，我們需要的不是不顧一切的熱血，而是對這個世界的用心觀察。

我有一個朋友，相識多年，從未見過她對別人評頭論足。於她而言，吐槽並非一種娛樂，而是一種殘忍。當我們習慣用標籤化來物以類聚人以分類，或者簡單粗暴地用「好」和「壞」來評判某人時，她總是付諸一笑，一言不發。

我很好奇她為什麼會這樣不露聲色，她的回答讓我驚醒：「當我們總戴著有色眼鏡去看這個世界的時候，不是這個世界變遭了，而是我們變得狹隘了。」

正如這條短片裡呈現的那樣，律師雖然是嫌疑犯的辯護者，可是她還是堅守了職業的操守，並沒有逾越法律的界限。影片中看似老師雖然當眾批評學生，但也是用心良苦，畢竟愛之深，才會責之切。看似點頭哈腰的主管，不過是為了讓下屬更快地成長，為下屬在上級面前多說一些好話。看似得寸進尺的乞丐，也只是為了多討些食物，去餵和他相依為命的流浪狗。而那個手術失敗的醫生，又何嘗不痛心呢？被打得鼻青臉腫，還不不停地難過和自責：「我們沒能救活他……」

劇情終被反轉，真相終被揭開。

原來，這個世界並不是非黑即白，也不是非好即壞。就像《門第》裡那個看起來遊手好閒，還喜歡跟老婆油腔滑調的何秋生，在大是大非面前，也會一腔正義，大男子氣場爆裂。

02

以神轉折、腦洞大而著稱的泰國廣告片中，也有不少走心溫暖的作品，《暴力老闆娘》就是其中之一。

看起來蠻橫無理、飛揚跋扈的菜市女老闆，一到菜市就四處叫嚷著注意衛生，對拖欠租金的攤主也絲毫不留情面。

老闆娘的趾高氣揚，自然引起了所有人的不滿。

有人作惡，就有人伸張正義。有人拿起手機拍老闆娘砸秤、無故「沒收」攤主蔬菜以及叫人抬走攤主的影片傳到網上，沒到三天就有一百多萬的關注量，甚至還有樂隊為其砸秤的動作配上了音樂，一再把這種惡劣的行為推到了風口浪尖。

真相只掌握在少數人的手中，這句話一點都不假。只有攤主們和老闆娘知道，她的所作所為並不是網上瘋傳的那般惡毒。

她之所以砸秤，是為了不讓秤的主人繼續欺騙客人。她之所以沒收攤主蔬菜，是因為看到對方困難，自己買下了所有蔬菜。而之所以叫人抬走攤主，也並非施暴，而是看到攤主身體不適，為他找了個涼快一點的地方，為他按摩搖扇。

都說眼見為實，可是這個視頻卻出其不意地告訴我們，有時候，所見所聞並非可靠。一旦我們陷入了情緒的漩渦，真相就會離我們越來越遠。

唯有冷靜思考，才是通往真相的不二法門。

03

曾有一個女生向我哭訴，說自己的男朋友最近對她疏遠了很多，女生天生敏感，她一度認為感情就此走到了盡頭。

我問女生究竟發生了哪些變化，她說：「在兩個月之前，他還是對我很好的。一到下班就會陪我去逛街，加班了會擠出時間給我打電話，平日裡會時不時地給我小驚喜，即使忙到再晚，也會趕在十二點之前對我說晚安。

「可是如今，我們很久才會聯繫一次，互道晚安的約定也沒有了。最可恨的是，我有一次無意中發現，他竟然背著我，和我最好的閨密通過話，還見過面……」

要不是一個星期後男生現身，恐怕所有人都覺得這個男友是渣男。

原來，男友一直努力工作，是為了給女友一個幸福的未來；和閨密聯繫是為了佈置一個求婚現場，給女友一個大大的驚喜。而他的疲憊、他的苦楚，從未跟任何人說過，只有他自己一個人默默承擔。

是啊，我們無法讓所有人對自己感同身受，水落石出之前，我們都是迷霧中人。

04

小時候，我曾一個人走夜路。昏暗的路燈，坑窪的道路，讓我渾身顫慄，緊張得都能聽到自己的心跳聲。

毫無防備地，一道光線從遠處打來，落在了我的腳前。我嚇得魂都要飛了，我緩緩地回頭，想看清對方的臉，卻因為站得遠無法實現。

當他離我越來越近，我忍不住大叫了起來。

後來才發現，這個提著手電筒為我照路的人，是一個可愛而善良的小女孩。

有的人，靠近了，才明白他的善意。有的人，瞭解了，才知道他的溫暖。

我很喜歡朗・霍爾寫在《世界上的另一個你》裡的一句話：「每個人都要有勇氣站出來面對敵人。因為外表看起來像敵人的人，內心卻不一定是。我們和其他人的共通點比我們想像的還多。當我還是危險人物的時候，你有勇氣站出來面對我，然後改變我的生命，你愛我的內在。上帝原本要我做的樣子，那個本我，在生命裡一些醜陋的路上迷失了。」

這個世間，總有一些溫暖，包裹著冷若冰霜的外表，也總有一些誤解，需要我們用心去解開。**要相信，總有一些喜悅會和我們不期而遇，總有一些幸福會紛至沓來。**

願你的拼命不為超越別人，而為成就自己

有些人，總習慣朝著別人羨慕的方向去努力，也許有一天達成目標，卻忘了初心。這世間最令人後悔莫及的，莫過於成為了別人羨慕的人，卻未能成為自己。

01

記得有一年和表姐表弟在一起吃飯，聊到了薪資這個話題。從小到大，表姐都是我們的榜樣，成績優異，興趣和特長頗多，簡直就是「別人家的孩子」的代表。

雖然我也比較勤奮，可是在人際交往上，比表姐差了好大一截。因為她天生聰明，再加上勤奮努力，所以表姐學業上一路綠燈，順利考上了國內重點大學。

小時候，表姐就是我的偶像。看看偶像，再看看自己，也難免自慚形穢。

那一年，我剛上大四，表姐從原來的小公司被挖到一家實力更強的外企。於是，沒過幾個月，她的月薪就突破了六位數，朋友圈裡都是去全球各地旅遊的照片。

還沒畢業，就覺得處處都是弱肉強食。因為要學歷沒學歷，要經驗沒經驗，我常常節衣縮食，過著食不果腹的日子。

坐在我旁邊的表弟豔羨不已：「表姐，你的薪資算是頂尖的吧？除了你，比你薪資高的是什麼職位？」

表姐把杯中的酒一飲而盡，笑了笑說：「我從來都不跟別人比賺了多少錢，或者跟別人比有多久的帶薪假。不管在哪個城市，我都只有一個願望，那就是成就自己的一番事業，不再讓自己和家人苟且地活著。」

不是所有的魚，都生活在同一片海裡。

表姐的話，讓我開始懂得，與其處處和別人比較，不如成全自己，為自己痛快地活一次。

02

從小到大，我們總被家人拿來和別人家的孩子比較。以至於到了最後，我們也開始給自己框定，無法成為別人家的孩子，就是一種失敗。

人人都有自己的成長環境和經歷，有著不同的理想和願望，活成別人或者超越別人有時只會徒增煩惱。

好好努力就夠了，難道不是嗎？

上大學那時候，我為了一個考試，半年前就把自己泡在圖書館，買的題目一套又一套，早上六點起來，複習到凌晨一點。

這樣高強度的學習，不免讓我的舍友望而生畏。

其中有一個整天渾噩度日的舍友問我：「以你的水準，通過考試肯定沒問題了，為什麼還要這麼拼命？難不成，是為了搶第一？」

我朝著舍友的方向，鄭重其事地說：「說實話，我從來不在乎什麼名次，我只在乎我學到了什麼、還有哪些沒學會，有沒有拿到證書是一回事，有沒有學到東西是另一回事。」

我努力，不是為了超越別人，而是給自己一個交代，這就是全部的意義。

03

在所有旅行作家中，我最欽佩的就是武楷斯。

酷愛旅遊的他，曾用三年修完了四年的學業，自主學習五國語言，到了大四就開始做自己喜歡的事情，挑商品、攝影、開店、做設計、拍電影……

除此之外，武楷斯還曾用五萬元窮遊美國六十天，創建了自己的自媒體，開辦了自己的攝影個展，創立了貳狗文化傳播公司並出任CEO，被邀請參加十五場大型分享會。

對於他而言，所做的一切，並不是為了超越別人，而是為了成就自己。他一直在努力探尋不同生活方式的可能性，並將自己對旅行和藝術的想法付諸切實的努力。

當媒體問他：「你會在意別人給你貼標籤嗎？」武楷斯的回答是：「不會啊，你就貼吧，反正是貼不完的。」

成就自己，遠比超越別人更有意義。

青年作家盧思浩說：「一件事堅持了那麼久而你依舊覺得舒服，那這件事對你來說就是對的。」而一件事之所以不對，一定是和初心背道而馳，即使走得再遠，也不會覺得開心。成就自己，要比超越別人開心多了。

有些人，總習慣朝著別人羨慕的方向去努力，也許有一天達成目標，卻忘了初心。

這世間最令人後悔莫及的，莫過於成為了別人羨慕的人，卻未能成為自己。

那些流過的淚，總有一天會笑著說出來

那些流過的淚，總有一天會笑著說出來。苦難之於我們的意義，就在於證明我們跌落過，又不曾放棄過，最後把故事留給後人說。

01

好久沒有更新朋友圈，發了張城市的夜景，卻意外地收到了王大哥的評論。霓虹的夜景下，一句帶有溫度的話映入眼簾：「新陽，最近我有一個包裹寄給你。」

一開始，我還有些不可思議，一看是王大哥，許多往事就如決堤的洪水般湧了出來。

想起來，和王大哥相識的時間不算長。

那是一次問卷調查的兼職，所有人都被安排在商場的各個出口，用一些小禮品來吸引顧客填問卷，薪酬還算可觀。

工作開始之前有一個內部培訓，王大哥就坐在負責人的跟前，眼睛一動不動地盯著問卷，時不時抬頭看看周圍有什麼異樣。

因為年紀比我們略大，再加上穿得比較正式，王大哥在人群裡顯得比較成熟。要不是後來有一次閒聊，還真以為他就是這個項目的負責人。

也就是從那個時候開始，我和王大哥漸漸熟悉了起來。

一個正值打拼事業的年紀，為什麼會來做兼職？當我試探性地把問題拋給他的時候，他深嘆了一口氣，許久，才說出那艱難的四個字：「一言難盡。」

02

夜裡十點多的地鐵裡依舊喧鬧嘈雜，沒有多少人面帶睏意。

我握著搖晃的把繩，努力探尋著白天沒有聊完的話題。一站接著一站，地鐵呼嘯而過。眼看就要到了中轉站，可是我還是沒有勇氣開口。畢竟談起一個人的過去，要是歡樂還好，倘若是傷疤，總有一點站在高處冷眼旁觀的嫌疑。

可是我還是沒有忍住，問了他：「究竟發生了什麼，讓你覺得一言難盡？」

王大哥朝我笑了笑，又望了望窗外一閃而過的看板，說：「我原來在上海是做金融票據行業的，我來蘇州是因為沒了工作還背了債務，想在這裡渡過難關。」

原來，王大哥也曾和大部分畢業生一樣，在求職和失業中輾轉。幾年前，他和一個北京人一拍即合，在上海開了一家票據公司，專門和銀行對接，手下還帶有二十幾個員工，事業風生水起。就在他們覺得一帆風順，發展越來越大的時候，國家推出了一套新的金融政策，民間票據公司受到了前所未有的限制，一大批同行面臨著倒閉。所有銀行都中止了合作，之前的合作方玩起了失蹤，在苦苦堅持了兩個月後，王大哥也不得不息鼓鳴金。

與此同時，談了多年的女朋友也離他而去。一次次沉重的打擊，讓王大哥不堪重負。

辛辛苦苦打拼出來的事業，從大學還沒畢業就籌畫的創業專案，眼看就要衣錦還鄉，榮歸故里了，不料風向一變，所有努力都化為烏有。仔細想來，自己已經三年都沒回家過年了。

散夥飯的那個晚上，所有人都努力避開失業的痛楚，在一次次碰杯中寒暄，又在一次次碰杯中醉到不堪。

峰迴路轉，王大哥關掉了原來的公司，一家更大的金融公司向他伸出了橄欖枝。因為有過實務和管理的經驗，沒過多久，王大哥就升到了副總的位置上。老話常說「禍兮福所倚，福兮禍所伏」，最不忍看到的還是發生了，工作還沒半年，王大哥的老闆就因為開發了涉嫌非法集資的產品鋃鐺入獄，而他投入的幾十萬塊錢也血本無歸，又一次失去了工作。

王大哥的頭髮也就是在那個時候開始大把大把脫落的，接二連三的打擊，讓他品嘗到了世間的冷暖與無常。

我聽得有些動容，竟不知道該如何回應他。

當初的他，本該一帆順風，即使會經歷一些小波小浪，也不至於從上海落魄至此，住在一個月只有兩千五百塊錢的隔板間裡，吃著樓下夜市三十塊錢一碗的炒飯艱難度日。

03

那晚，我們吃著最廉價的飯菜，喝著最廉價的啤酒，在一群異樣的眼光裡喝到微醉。冬季的湖風不像夏天時那樣濕熱，不像秋天時那樣涼颼，它盡力地展現出善變的一面，用冰冷和刺骨來炫耀它的不為人知。

走在湖邊，我們敘談了很久。無關過去，聊的大多是對未來的憧憬。殘酷的環境並無法限制人對未來的追求，就像《美麗人生》裡那個被囚禁卻依然把「Life is beautiful」掛在嘴邊的主人公，幸福有時會遲到，可它從未缺過席。

突然覺得，那晚的湖風吹得那麼冷，卻又那麼暖。

接連兩天的兼職都不如意，再加上和房東的口角，惜時如金的王大哥，再也受不了無盡的等待，決定要離開。夜深了，我還在公司加班，我叮囑他別去車站或者肯德基這樣人來人往的地方過夜，要去就去旅館或者網吧，畢竟夜深之後天氣冷得絕情。

王大哥「嗯嗯」地應允著，後來才知道，那晚他還是去了肯德基，一個人孤零零地坐在座位上，直到凌晨才淺淺睡著，睡著的時間加起來不過才兩三個小時。

我問王大哥，為什麼要這麼熬自己？

他的回答卻異常的堅定：「年輕人，吃點苦算什麼，其實這才到哪啊，人生的大幕才剛剛拉起，我未來一定會好起來的，我有這個信心，希望咱們兄弟都加油，不經一番寒徹骨，怎得梅花撲鼻香。」

04

後來，王大哥去了上海，躊躇滿志地想要從頭再來，就像一個隱姓埋名的過客，要在一片坎坷中披荊斬棘，在一片狼藉中改裝換面，一定要給自己的人生來一場華麗的逆襲，增添幾分亮色。

我和王大哥去過湖邊兩三次，本想再去一次，卻離別得那麼匆匆然。「說實話，來蘇州這些天挺失望的，唯一值得慶幸的，是認識了你這麼一個朋友。」

別的不說了，我們一路保重。

至今我還記得，王大哥對我說過的一句話：「看一個人的成功，並不是看他在巔峰的時候，而是要看他從巔峰跌入低谷時的反彈力。」他的話讓我突然想起，倪萍在《姥姥語錄》裡寫下的那段話：「你若不想倒，別人想推都推不倒，你若不想起，別人想扶都扶不起。」每每想起，我都有些淚目。

此時此刻，我意外地收到了一個包裹，小小的四方盒，打開之後才發現，不是什麼昂貴的禮物，而是一罐並不起眼的零食。我沒有立馬問他寄零食給我的原因，因為我知道，我們總有一天會再見，關於過去他會跟我一一說起。

最後一次通話，我在電話裡給他唱了我最近學會的一首歌——陳百強的《一生何求》：「一生何求，曾妥協也試過苦鬥，夢內每點繽紛，一消散哪可收；一生何求，誰計較讚美與詛咒，沒料到我所失的，竟已是我的所有……」

我深信，那些流過的淚，總有一天會笑著說出來。苦難之於我們的意義，就在於證明我們跌落過，又不曾放棄過，最後把故事留給後人說。

沒有什麼是過不去的，那些曾經苦苦煎熬比我們苦不知多少倍的人，最終，不都熬出來了嗎？

我們不怕，一切都會好起來的，相信我。

就算大雨讓這座城市顛倒，我也會給你懷抱

這個世界沒有想像中的那麼好，但似乎也沒有我們想像中的那麼糟。成年人的世界裡，沒有「容易」二字，下一句應該是，再苦也要笑一笑，堅強的人永遠打不倒。

01

曾有一段峨眉山女孩跳崖的影片，讓無數人淚目。

一個只有二十一歲的女孩，因為不堪抑鬱症的困擾，以這種方式和這個世界道別，儘管旁邊許多遊客不停勸解，希望她可以放棄輕生念頭，可是女孩還是道了聲「謝謝」，隨即從懸崖邊跳了下去。

現場很多人，都放聲大哭。

女孩在遺書中說：「很多人把這種病當成脆弱，想不開。我想說不是的，我從來不是個脆弱的人，就像不經常喝酒的人也會得肝癌一樣，沒有太多的誘因，就這麼發生了。」

這個女孩究竟承受了多大的痛苦，我們不得而知。也許，就是生活中無數個煩惱和愁苦堆積成山，越不過，也移不開，於是，就想到了輕生。

看完這個報導，我的內心久久不能平靜。

一個青春洋溢的女孩，到底要有多絕望，才會心如死灰地離開人間？是否我們都忽視了他們的感受，缺少了對他們的關愛，才會讓他們這般生無所戀？生活有苦有甜，而對於他們來說，生活全是苦吧？哪怕嘗到一絲甜都是那麼遙不可及。

或許，我們只要多付出一點關愛，悲劇就不會發生。

這樣的悲劇，無獨有偶。

早在二零一七年二月，一個二十歲的女留學生自殺身亡。令人匪夷所思的是，這個女孩自殺前活潑開朗，還常常在臉書上更新一些動態，比如買了高跟鞋時的小興奮，對緊張課業的吐槽，還有和朋友聚餐的歡喜。

「世界是美好的，而我是個不堪重負的膽小鬼，所以選擇了退縮和躲避。我的離去完全是我自己的選擇，不因為任何人任何事。」在一篇疑似女孩的遺書中，女孩這樣說到。

或許有人會說：「活著不好嗎？有什麼想不開的。」

「連死都不怕，還怕活下去嗎？」

可是，對於他們來說，活下來，遠比結束生命需要更大的勇氣。

02

即使這個世界有時會很冷漠，可是我還是要告訴你，在這個世界的某個角落，總有人在偷偷愛著你。

感冒藥品牌曾拍過一個名叫《有人偷偷愛著你》的廣告，引起了無數人的觀看。這個短片講述了幾個真實發生的小故事，來致敬那些平凡生活中的小溫暖。

一個女生去報刊亭買雜誌，卻受到了老闆大叔的大聲抱怨。一個忙著通話卻沒有繫安全帶的男子被交警叫停，儘管手機還在拼命地響著。一個外送員擠進了電梯才發現電梯超重，眾人的目光似乎都在逐趕。寒冷的冬夜，一個失落的女子酗酒街頭，被路人拍了下來。一個騎腳踏車的老人不小心刮花了一輛轎車，被車主大聲呵斥。

或許，這個世界有太多的冷漠讓我們無處可逃。或許，行色匆匆的人群，沒有人會在意我們的感受。又或許，我們的苦楚和辛酸，不過是別人眼中的笑話。但這個世界還是會有人伸出援手，給予我們關心，或許，就是在某個不經意的瞬間。正如這個廣告的劇情出現了如下反轉。

看似不耐煩的大叔，是為了提高音量阻止小偷的動作。攔路的交警，是幫忙蓋上有安全隱患的油箱蓋。關上的電梯門再次打開，有人主動讓出位置自己去爬樓梯。寒冬拍照的男子，是為了向警察告知情況以免女子發生什麼意外。還有那個看起來怒不可遏的車主，也不過拿了根鐵棍朝老人的車上輕輕地敲了一下說：「這樣，我們就算扯平了。」

這個世界沒有想像中的那麼好，但似乎也沒有我們想像中的那麼糟。

在我看來，成年人的世界裡，沒有「容易」二字，下一句應該是，再苦也要笑一笑，堅強的人永遠打不倒。

03

日本作家村上春樹說：「你要記得那些大雨中為你撐傘的人，幫你擋住外來之物的人，黑暗中默默抱緊你的人，逗你笑的人，陪你徹夜聊天的人，坐車來看望你的人，陪你哭過的人，在醫院陪你的人，總是以你為重的人，是這些人組成你生命中一點一滴的溫暖，是這些溫暖使你成為善良的人。」

哪怕是傷心之餘的一個擁抱，也足以讓人感動許久。

就在二零一八年年初，有一個想要輕生的女孩，發了一條告別訊息：「很有可能是最後一條訊息，朋友圈發不出了，不知道告別的時候該說什麼，器官捐贈我簽過了，電子支付簽了。和大家道個別吧，我努力過了，但是也真的，撐不下去了，對不起。」

這個善良的女孩，一定是遇到了什麼跨不過的坎，才寫下這樣悲戚的文字。

令人感動的是，這條訊息被一眾網友發現後，不少網友紛紛勸慰和鼓勵這個女孩。

「怎麼可以自己一個人偷偷跑掉，我們愛你啊。」

「我們來世上一遭，我們要好好看看太陽，我們要好好走在路上，不要想太多，來瀋陽找我，我帶你一起去滑雪。」

「要不要吃火鍋呀？有機會我們一起吃熱呼呼的火鍋，吃完我給你抓娃娃吧。」

甚至有人發現女孩喜歡一個網紅唱歌，就找來網紅為女孩加油打氣：「才看到有人發訊息給我，說你很喜歡我，讓我勸勸你，希望你不要輕易傷害自己，傻不傻，我希望所有喜歡我的小可愛們都能每天開開心心，你快來，我給你唱歌，唱你最喜歡的歌。」

欣喜的是，在大家共同的努力下，女孩最終被員警找到，一切平安。

謝謝你，陌生人！雖然我們素未謀面，但被你愛著的感覺真的好好啊。

04

前不久，去大連出差的第三天，我隨身的錢包就丟了。我找遍了所有可能丟失的地方和角落，還是無功而返。

得到這個結果後，我覺得一定是被小偷偷走了。

那個錢包非常重要，不僅有現金和銀行卡，關鍵還有我的身份證。因為這是我第一次去那麼遠的地方出差，去時坐的飛機，這下可好，要是沒了身份證，又沒有居住證和戶口名簿也無法在異地補辦，能否坐汽車回去都是個問題。

「我那錢包裡全是非常重要的東西，當時我整個人都傻了。好在手機沒丟，我只告訴了一個同事，結果全公司的人都為我籌了錢。」跟好友提起的時候，我眼裡閃著淚光，「起初，我還以為丟了肯定回不來了，誰知道到了晚上我就接到了當地警察局打來的電話，說是我的錢包被好心人撿到，送到了警察局。警察局又輾轉聯繫上了我，至今我都不知道那個好心人是誰，只覺得這個世界真的沒有人們說的那樣險惡。」

《小情歌》裡有一句歌詞我特別喜歡：「就算大雨讓這座城市顛倒，我會給你懷抱。」

柔軟詩意的歌詞，總能觸動每個人的內心。這麼多人愛著你，你一定要堅強起來，好好活下去。

中學時，想必你也喜歡課文《紀念劉和珍君》的那句：「真的猛士，敢於直面慘澹的人生，敢於正視淋漓的鮮血。」如今讀來，依然熱血沸騰。

就算命運再艱難，也願你不要屈服，現實再悲慘，也不要向這個世界投降。

餘生還長，我們終會遇到對的人

總有對的那個人在未來等著你，時間一到，他就會踏著七彩祥雲來娶你。所以，不必躲在黑暗的角落裡哭泣，也不必緊緊攥著滿是針刺的玫瑰不願放手。餘生還很長，又何必慌張？

01

網路上有個女生私下給我留言，她說：「最近我真的很崩潰，他已經消失半個月了，電話打不通，資訊也不回，我現在只想當面問問他，他到底有沒有愛過我。」

我一看，就大致猜到了故事的開頭——男子追求之初百般殷勤，變著花樣地哄女孩開心。突然有一天，男子就變了心。她一定很受傷吧，不然為什麼她每一個字都在泣血呢？

「剛認識的時候，肯定不是這樣的吧？」

「是啊，我從沒有想過會變成現在這樣。剛認識的時候，他對我那麼好，接我上下班，對我說早安和晚安。為了表現他的用心，還隔幾天就會給我小驚喜，送我一些小禮物。我喜歡吃羊肉麵，他會開一個小時的車帶我去吃。即使加班到很晚，他都會給我打一個多小時的電話。即使平時忙，只要我說需要陪，他都會第一時間趕到我身邊。」

「這樣的狀態持續了多久？」

「有三個月的時間吧，那個時候，我真覺得他是愛我的，我也漸漸覺得已經離不開他。有一次他為我慶生，當著眾多好朋友的面說永遠愛我，要和我白頭到老，聽到這，我的整顆心都化了。於是，當晚我把第一次給了他。」

我深知女生已經不再理性，被愛情沖昏了頭腦。

「從那以後，就失去聯繫了嗎？」

「也不算，只是自那以後他對我就沒有之前那樣用心了。我好像跟他角色互換了，我變得越來越在乎他，準備驚喜的變成了我，送小禮物的也變成了我。我的心理落差真的好大，我真不知道自己做錯了什麼，要受這樣的折磨啊。

「直到有一天，我在逛街的時候發現他和另一個女孩走得很近，那個女孩還挽著他的手。我打電話質問他，可笑的是，他居然一句解釋都沒有，還說我根本不是他的女朋友。我真的崩潰了，罵他是個渣男，可是一切都於事無補了。」

愛情的定義是什麼呢？是接你上下班嗎？是每天的早安和晚安嗎？是他為你準備的禮物嗎？

我想都不是。在這個女孩心裡，愛情不過是有一個人願意為她付出，珍惜和她在一起的日子而已。

可是如此簡單的要求，對方卻無法滿足。於是，你會看到，那些丟了魂似的遊走街頭的女子，並不一定是無家可歸，或許是真的不想回去。深夜裡買醉的女子，也並不一定品行不正，或許是真的痛苦萬分。

被愛情沖昏了頭腦，遍體鱗傷的女孩還少嗎？

對方只是把你當備胎，可是你卻動了心。這樣的結果，是衝動後的恍悟，是歡愉後的折磨，最後演變成一輩子的傷痛。

02

真正的愛，不是一時的好感，而是一輩子的呵護與疼愛，用現在網路上流行的一句話說就是：「往後餘生，風雪是你，平淡是你，清貧也是你。榮華是你，心底溫柔是你，目光所至，也是你。」

當你走在大街上，和一對爭吵中的戀人相遇，看到人們為了愛情卑微乞求的樣子，你是否也會感嘆「相愛沒有那麼容易」？

為愛癡狂，看似浪漫，若癡狂到失去理智，就會演變成一種可悲。

諸如此類的報導並不少見。女孩被渣男「拋棄」後，向某個節目組求助，經過節目組的跟蹤和調查，男方並非「首次作案」。正當男方和另外一個女孩打得熱火朝天的時候，節目組一路尾隨男方，並當面戳穿了男方的真面目——豪車是租的，豪宅是編出來的，嘴裡沒一句是真話。

還有一個女孩，境遇更慘。身懷有孕，男方逃避，節目組不得不以快遞員的身份找到了男方的住處。原以為男方面對鏡頭會愧疚，而接下來男子的言行實在讓人憤懣，他指著女孩吼叫道：「我已經拿錢給你去人工流產了，為什麼還要陰魂不散地跟著我？醫院跟我說，你的子宮內壁比較薄，要做手術必須做擔保，你說你一個女孩子，子宮內壁為什麼會比別人薄？」

節目組問他為什麼不願做擔保，他的回答再一次讓人大跌眼鏡：「這可不是小事情啊，萬一出現意外了怎麼辦？那可是要出人命的。再說了，我和她只是玩玩而已。」

女孩的父親聞訊趕到，狠狠地搧了男方一巴掌，簡直大快人心。

說好的「願無歲月可回頭，且以深情共白首」呢？在愛情裡，誰不渴望遇到對的那個人，相伴相守，一不小心白了頭。可現實是，太多的荒唐沾污了愛情的神聖，太多的背叛摧毀了幻想和憧憬。

03

鄧紫棋在《泡沫》裡唱道：「美麗的泡沫，雖然一剎花火，你所有承諾，雖然都太脆弱。愛本是泡沫，如果能夠看破，有什麼難過。」

當承諾變為欺騙的泡沫，所有的甜言蜜語都變成了稍縱即逝的花火。如果世界上真有時光機該有多好，去到五十年後，六十年後，那個陪著你睡在搖椅，搖著扇子，回憶往昔的人一目了然，只是愛上容易，沉溺容易，難的是看破。

所以啊，別等了，一切回不去了，也該試著開心起來了。淚乾了，夜也熬涼了，也該試著去放手了。

「有人住高樓，有人處深溝，有人光萬丈，有人一身鏽，世人萬千種，浮雲莫去求，斯人若彩虹，遇上方知有。」《怦然心動》裡的台詞或許能給你我幾分安慰。

我常說一句話，我們總會遇到一些人，錯過一些人，才能找到真正愛你的那個人。

愛你的人，風裡雨裡都會等你。不愛你的人，從一開始，就已經註定不會在一起。

在遇到對的那個人之前，我們唯一要做的，就是變成更好的自己。

總有對的那個人在未來等著你，時間一到，他就會踏著七彩祥雲來娶你。所以，不必躲在黑暗的角落裡哭泣，也不必緊緊攥著滿是針刺的玫瑰不願放手。

餘生還很長，又何必慌張？

只要心中有光，再苦也會嘴角上揚

誰不曾有過被嘲笑的時光？堅持走下去，把苦難踏平，只要心中的光不變，哪怕再苦也一定會嘴角上揚。

01

網路媒體曾推出一條深夜短片《晚安姑娘》，講述的是一個懷揣著演員夢的北漂小北，最終戰勝孤獨，實現演員夢的故事。

小北借住在朋友家裡，白天去各個劇組面試，深夜去練舞房練體型。在過去的一年裡，小北儘管一直在努力，卻始終沒有收到劇組的邀約，於是她接二連三地被朋友挖苦，被家人催回。

其中有一個情景引人淚目。小北去一家劇組面試，因為過於緊張忘了詞，最後簡歷被劇組扔進了垃圾桶。之後又在一次試鏡中，導演用她的簡歷當作擺放便當的桌墊，看到這，小北要回了簡歷，匆匆奔向了下一站。

孤獨的夜晚，唯一讓小北感動的，是十一點五十九分都會收到的一條晚安簡訊。相比於「表白」，它更像是小北抵擋孤獨的一種勇氣。直到最後，「晚安簡訊」的謎底才得以揭開——原來，那三百六十五條短簡訊，是小北買給自己的簡訊，而簡訊的發送者是一家專門販賣晚安簡訊的網店。

有了晚安的呢喃，再冷的夜都有了溫暖。

大城市雖苦，可我們仍然渴望留下來。大城市雖難，可我們從未步履不前。後來，小北如願以償地成為了一名演員，回望過去，那些焦慮和不安，竟是自己最珍貴的回憶。

理想固然遙不可及，可只要心中有光，再苦也一定會嘴角上揚。

02

在沒有成名之前，羅志祥也有過一段被嘲笑的時光。

一九九五年，十六歲的羅志祥因模仿郭富城而正式出道。雖然可以登台表演並且出版新專輯，可是他的成名之路並沒有那麼明朗。

就在和其他三人組成「四大天王」團體的第三年，有兩名成員就因不適應演藝圈的環境和服兵役選擇了退出。於是，羅志祥與剩下的另一名團員歐弟另組了新的團體「羅密歐」。

在羅志祥陷入事業低谷的時候，有一個鄰居對羅媽媽冷熱嘲諷道：「就你兒子那個樣子，肯定不會紅！」

鄰居的直言不諱，讓護子心切的羅媽媽當眾揮拳，最後還被鄰居打傷。羅志祥暗暗發誓，一定要混出個名堂來，別人說我不行，我一定要證明給他們看。

一直以來，羅志祥拼得都很凶。

毋庸置疑的是，羅志祥的舞蹈天賦是與生俱來的。從早期模仿郭富城，到二零一三年擔任《舞極限Over The Limit世界巡迴演唱會》視覺、音樂和舞蹈總監，再到《這！就是街舞》的明星隊長，所有的成績，都足以讓所有詆毀他的人啞口無言，讓所有看低他的人在他面前低頭。

如今，羅志祥已是華語著名男歌手、主持人、舞者及演員。而那些被嘲笑的夢想，給了他更多堅持下去的力量。

03

畢業的那個五月，當所有人都在揮手離校的時候，我在一個朋友的推薦下與網路創作平台結緣，開始寫作。

為了提高文章的品質，我網購了很多書，在校外租了一個小黑屋勤加練習。

整整一個月，我只做了兩件事：讀書和寫作。我不敢告訴任何人我想出書的夢想，當房東爺爺和鄰居問起的時候，我只好用「我在備考」來遮掩。

這一句「我在備考」讓我對寫作有了使命感，我暗自發誓，一定要寫出更多鼓舞人心的文字。

那年的夏天很熱，屋裡沒有冷氣和風扇，簡陋的房間裡只有一個破爛不堪的桌子和一張用廢木板搭起來的舊床。白天，屋子裡像個火爐，我的汗珠一顆顆地滑落，衣服就像從水裡掏出來一般。到了晚上，我乾脆睡在地上，靈感來了，就會打開電腦，時常寫作到清晨。

其間，我有一個筆友在網路創作平台裡有了名氣，還收到了出版社的撰稿邀請。我向他打聽一些出版的途徑，卻意外地受到了他的嘲諷：「別做夢了，出書不是你想出就可以出的，更何況你寫的這些東西真是不敢恭維。」

「不敢恭維」這四個字，深深刺傷了我。

的確，我沒有像有些作者那樣有著很深的文筆功底，我所寫的文字，都是我後來不斷啃書，刻意練習的結果。我更沒有像有些作者那樣幸運，沒寫多久就收到了出版社的橄欖枝，我只有更加努力，才有被發現的可能性。

最困頓、最迷茫的時候，我曾打電話向出版社毛遂自薦，滿心歡喜地把稿子發了過去，收到的全是否定的答覆。我還曾想過自費，卻因為手頭拮据，以及自費出版後的恐懼和不安，一次次作罷。

可是我並沒有因此心灰意冷。就在我寫作的第二年，我也收到了一家出版社的撰稿邀請。而那家出版社，正是曾經拒絕我的那一家。

看到書的封面被設計出來的那一刻，我淚如泉湧。

文字曾給我傷痛，也曾給我甜夢。而如今，它更像是一束光，我就是那個拿著光源的人，它照亮了我前方的路，也溫暖了很多如我一樣不肯放棄的追夢人。

東野圭吾說：「放棄不難，但堅持一定很酷。」

誰不曾有過被嘲笑的時光？堅持走下去，把苦難踏平，只要心中的光不變，哪怕再苦也一定會嘴角上揚。

不要為我擔心，我一個人在大城市過得很好

吃過的苦，流過的淚，只有自己才知道，也不必跟別人說。我們總要為自己找一個堅持下去的理由。也許生活就是這樣，要麼大膽冒險，要麼一無所獲。

01

有一次午休，我和雯姐聊起了過去。

她說，這是她出來工作的第四年了，這也是她第三年獨自一個人在北京。

那一年，她離開了原來實習的公司，隻身一人來北京，深夜兩三點沒有車，她自己一個人有些害怕。

車站外面魚龍混雜：有流浪漢在睡覺，有黑車司機在攬客，有行色匆匆的人趕車，有不明方向的人抽著煙並像孤魂一般地遊蕩著……

說到這，雯姐嘿嘿一笑說，當時也是傻，住的地方沒有提前找好，因為天氣太冷就隨便跟著一個婦人去了一家旅店。去了才知道，那是一間地下室。

一百塊錢的小隔間，除了一張床，連個放行李的空地都沒有。四處還散發著黴臭味。無奈，房錢和押金都交了，只能住在這個地方了。

雯姐一夜未眠。

清早起來去退房，被車站月臺搞得暈頭轉向，去一家公司面試，身份證給了對方。因為面試的人太多，身份證沒有在手上太沒有安全感，看著一個個陌生冷漠的面孔，自己蹲在路邊嘩啦啦地哭了，路上還有人看著，卻怎麼都忍不住。

我問她有沒有想過回老家發展，她說，從小學到大學，她都守在家人身邊，沒有出過遠門，可是她還是想去外面看一看，即使她也知道陪伴家人和實現理想難以兼得。她羨慕那些知道自己想要什麼的人，願意為未來做出犧牲，即使這一切並不容易。

我和她交換感受：「孤身一人在外闖蕩是什麼感受呢？」

雯姐感慨地說：「孤身一人啊，大概就是夜裡醒來可能不知道自己在哪裡，一個人望著天花板，一望就是好幾個小時；即使生病了也要告訴自己不能倒下，因為沒有人會為你買藥煲湯；走到哪裡，都不會遇到熟人，大家都是點頭之交，沒有人會真正地為你遮風擋雨，一切都要靠自己。」

說到這，雯姐望瞭望窗外的車水馬龍，長舒了一口氣說：「當然也有好處啦，一切都是嶄新的不是嗎？我終於有一次可以從頭來過的機會了。」

02

我曾和我的愛人異地相戀六年，期間她考上了老家一所小學的教師行列，而我仍漂泊在外，好久才能見一次面。

有一年國慶放假，我回老家去她家看她，她的媽媽語重心長地對我說：「為什麼不在老家找一個工作呢？要不然考個教師或者公務員也好啊。你不是師範大學畢業的嗎？到時候在老家辦個補習班，不也能賺不少嗎？」

我語噎，不知道該怎麼回答她。

我從來都不認為小縣城就代表著安逸，大城市就代表著夢想。只是小縣城並沒有我想要的工作，我不想因為穩定而向自己妥協，不想為工作忙得焦頭爛額卻過著緊巴巴的生活。

相比之下，大城市或許會擁有更多選擇的機會。雖然生活環境窮兇險惡，可是仔細想來，我還是渴望在城市的霓虹閃爍中，找到屬於自己的一個號碼牌。

前不久，高中輟學的小時玩伴在外七年後回老家做起了裝修，大學時認識的老鄉也在前不久回老家考上了公務員，而我還在大城市漂泊著，是忍受，還是享受？

或許，都有吧。

每次回家，我都會去剪個頭髮，吹個造型，讓家人看到最美的自己，並告訴他們，我在外面一切都好。

吃過的苦，流過的淚，只有自己才知道，也不必跟別人說。

我們總要為自己找一個堅持下去的理由。也許生活就是這樣，要麼大膽冒險，要麼一無所獲。

03

來大城市工作，對於很多人來說，就意味著離開家人，有所取捨。

也許，長大就是一個不斷離別的過程。我們要和親人離別，和朋友離別，和一座城市離別，和來時的路離別。收拾行李的那天晚上，媽媽囑咐了很多話，爸爸在一邊抽煙不說話。

還沒到站，家人的電話就先打了過來，又囑咐我多吃飯，別熬夜，照顧好自己。我「嗯嗯」地回應著，望著窗外呼嘯而過的村莊濕了眼眶。

沒過幾天，我又收到了家裡的電話，是媽媽打來的。電話那端很焦急，說是爸爸工作還沒回來，最近工作太多，沒時間吃飯，胃病又犯了。

我看了看錶，快十一點了。那一瞬間，我有些恍惚，差點說，我現在就去找我爸，順便給他買點胃藥。可是抬頭一看，四周的建築是那麼的陌生，想到自己在外地，不在父母身邊，眼淚再一次撲簌下來。

我努力融入這個陌生的城市，把大部分的錢都存下來寄回家，為的是給家裡買個新家電，為父母買個手機。工作之餘，我開始充實自己，晚上去健身，週末去打球，一周讀兩本書，還和朋友一起開了網路課程。

在這個城市，我感受了一種親情以外的感動。鄰居大姐看到我整箱整箱地買泡麵，常請我去她家吃飯。樓下的爺爺常找我聊天談心，鼓勵我加油努力。速食店的阿姨看我總點最便宜的飯菜，總會在我的米飯上澆上一勺肉汁……

這些感動讓我突然覺得，這個城市也可以很可愛。

這個城市有著太多和我一樣，懷著理想，雖然艱難卻仍然堅持留下來的普通人。不甘心，那就走下去，想留下，那就別回頭，再苦也要學著愛自己。

有一個朋友對我說，獨自在外就要讓自己忙起來，一閒下來就會體會到深入骨髓的孤獨感。

我笑著說，用孤獨換一點點明天，也就足夠了。

不求榮歸故里，不求人前顯貴，只希望家人平安，可以一邊流浪，一邊歌唱，一點一點地看到理想的光亮。

我會照顧好自己，也會一個人慢慢長大。不要為我擔心了，我一個人在大城市過得很好。

後記

致讀者：我可以抱你嗎，親愛的陌生人？

我有一個做影片自媒體的朋友，跟我說起這麼一段經歷。

曾有一段時間，新聞裡總是曝出各種明星去世或車禍傷亡的消息，不免讓人有些憂鬱。於是，朋友發起了一個「擁抱陌生人」的活動，一個人站在車站口，舉著寫有「我可以擁抱你嗎，陌生人」的牌子，張望著來來往往的路人。

整整兩個小時，朋友都沒有等到一個人來擁抱他。大多數人都是步履匆匆，戴著口罩面無表情，甚至沒有抬頭，更別說看到遠處舉牌的朋友了。

朋友絲毫沒有離開的意思，依然站在原地。車站口無時無刻不在從裡往外吹著風，他凍得牙齒打著顫，身體發著抖。有好幾次，負責錄影的攝影師提議回去，都被他駁回了。

眼看夜幕降臨，還滴滴答答下起小雨的時候，有一個女生在他不經意間送上了一個大大的擁抱。女生穿著尼龍大衣，圍著厚厚的圍巾，努力把頭靠近朋友的心窩，朋友低下頭的一瞬間，看到了女生疲憊的臉龐。

「她一定是在辦公大樓上班吧，白天要拼命工作，晚上在家加班，要是迫於壓力，還要再做一份兼職，從她黑黑的眼圈和疲憊的神情就可以看出來。」朋友心想。

兩個人萍水相逢，並沒有說過一句話，女生很快就消失在人海裡。對於朋友來說，感受到了來自陌生人的溫暖，也傳遞了一份感動，就已足夠。

緊接著，不少路人也送上了一個又一個的擁抱。朋友沒有挪動一步，都是路人走上前來。這其中有男生，有女生，有一身正式服裝的，也有滿身泥濘的。

朋友回憶道，最讓他動容的，是一個穿著破舊工服的中年男人，妻子在附近的一家醫院住院，男人手裡還拎著保溫杯，那是他親手為妻子熬的雞湯，男人自己捨不得吃一口路邊攤，兩個饅頭配著一碗涼水就是一頓飯。抱他的時候，男人還拍了朋友好幾下，臨走時，眼眶裡含著淚。

男人沒有在他面前哭出來，轉身之後，掩面那一刻，朋友百般思緒湧上心頭，久久都不能平靜。

朋友的一句話讓我不禁淚目，他說，人生不易，太多時候，我們只有一個人扛起所有的重擔。在外人面前，我們總愛表現出堅強的一面，卻很少有人願意卸下一身鎧甲，去擁抱那些身邊的人。因為從心底湧出的愛，讓我們日漸堅硬的外殼下依舊有著一顆柔軟的內心，讓我們能夠在這座薄情的城市裡深情地活著。

如果說，被愛是一種幸福，那麼愛別人就是一種幸運。在別人艱難困苦的時候給予鼓勵，在別人蒙受委屈的時候送上安慰，整個冬季就不會那麼寒冷。或許僅僅一個簡單的擁抱，一句簡單的話語就是最大的積福。

對世界報以微笑，世界就會還以微笑。即使這個世界並沒有想像中的那般美好，也不至於冰冷至死。大多數人之所以不願把柔軟的一面展露出來，或許是曾經受過欺騙和傷害，可是這並不意味著他（她）拒絕溫暖。

上初中時，班裡流行寫信，我也從一本雜誌裡找到了一個姐姐的收信地址，興奮地花了兩個小時寫信，投進了大大的信筒裡。在信中，我告訴她我的學習情況，我對青春的困惑以及在平日裡感到種種苦惱的小情緒。

動筆前沒有草稿，動筆後也沒有邏輯，卻心猿意馬地寫了整整三大頁。收到回信的那一刻，我覺得我是這個世界上最幸福的那個人，那種激動得在操場上像個瘋子一樣奔跑的情景，至今還記憶猶新。

也是在那個時候，我突然發覺文字是有力量的。

我從回信的姐姐那裡，得到了我最中意的答覆和鼓勵，並暗自發誓要把這份感動一直傳遞下去。

畢業那年，我也開始正式寫作，一度放棄了收入可觀的工作卻樂此不疲。如今寫作對我而言，就如同呼吸一般，融入了我的血液裡。

最讓我開心的是，讀者看到我的文字後告訴我從中收穫了感動，也重拾了堅持下去的勇氣。

我開始習慣了在深夜裡給陌生人回信。這個陌生人，是讀者，也是作者，是擦肩而過的路人甲，也是從未謀面的路人乙。

凡是來信，我都會一一回覆，只因每一個來信的陌生人，於我而言都是特別的人。

《是你路過我的傾城時光》裡有這麼一個片段，女主喝醉酒後和從未謀面的第二男主角互相吐露心聲，第二天依舊各過各的生活。表面上看起來沒有任何改變，而實際上呢，彼此的心結正在慢慢地解開。

這，或許就是我最想要的結局。

我不會一臉嚴肅地說什麼大道理，更不會趾高氣揚地站在高處指點評論，我只會靜靜地聆聽，感受你的喜怒哀樂，然後用朋友的口吻輕輕告訴你：「其實，我也有過同樣的迷茫，有過同樣的遭遇。我們要留住感動，挺過黑夜，因為生而為人，誰都有自己的不容易，前方雖遠，可是你不要輕易放棄。」

在這本書裡，我講述了很多平凡的故事。那些職場裡光鮮亮麗背後的辛苦過往，那些因為時間和距離而漸行漸遠的親人夥伴，還有為夢想不甘被冷眼嘲笑的咬牙堅持。

這些故事，或熱血，或感動，或意氣風發，或顛沛流離，總會有一個故事，和路上行走的我們似曾相識。

我渴盼回到無憂無慮的過去，也渴盼一切未知的明天，渴盼看到曙光再一次照亮大地，也渴望陪你渡過每一個失眠的深夜。

世界冰冷，就讓我的文字陪在你身邊。

國家圖書館出版品預行編目(CIP)資料

我那麼拼命，就是不想平庸至死：跨越迷茫、怯懦、憂鬱、不安、焦躁的勇氣，變成更好的自己/慕新陽著. -- 初版. -- 新北市：幸福文化出版社，遠足文化事業股份有限公司, 2021.08
面； 公分. -- (富能量；18)

ISBN 978-986-5536-79-4(平裝)

1. 自我實現 2. 生活指導

177.2　　110009687

富能量 018

我那麼拼命，就是不想平庸至死：
跨越迷茫、怯懦、憂鬱、不安、焦躁的勇氣，變成更好的自己

作　　者：慕新陽
責任編輯：梁淑玲
封面設計：白日設計
內頁設計：極翔企業有限公司

總 編 輯／林麗文
副 總 編／梁淑玲、黃佳燕
主　　編／賴秉薇、蕭歆儀、高佩琳
行銷企劃／林彥伶、朱妍靜
印　　務／江域平、李孟儒

社　　長：郭重興
發行人兼出版總監：曾大福
出　　版：幸福文化／遠足文化事業股份有限公司
地　　址：231新北市新店區民權路108-1號8樓
粉 絲 團：https://www.facebook.com/Happyhappybooks/
電　　話：（02）2218-1417　傳真：（02）2218-8057
發　　行：遠足文化事業股份有限公司
地　　址：231新北市新店區民權路108-2號9樓
電　　話：（02）2218-1417　傳真：（02）2218-1142
電　　郵：service@bookrep.com.tw
郵撥帳號：19504465
客服電話：0800-221-029
網　　址：www.bookrep.com.tw
印　　刷：通南彩色印刷有限公司
電　　話：(02)2221-3532
法律顧問：華洋法律事務所 蘇文生律師
初版三刷：2022年5月
定　　價：380元

Printed in Taiwan